AF248347

URGENCE

DE LA

RÉFORME ÉLECTORALE.

IMPRIMÉ PAR BÉTHUNE ET PLON, A PARIS.

URGENCE

DE LA

RÉFORME ÉLECTORALE

EN PRÉSENCE

DES DIFFICULTÉS ACTUELLES,

Par Th. FABAS.

PARIS.

PAULIN, LIBRAIRE-ÉDITEUR,
RUE DE SEINE, 33.

JANVIER 1841.

Au moment où cet écrit allait être publié, le vote de la chambre des députés sur les fortifica-tions de Paris est venu fournir un nouvel argument à la cause que nous y défendons. La question que ce vote a résolue était toute politique. Au point de vue de l'indépendance et de la force du pays, il n'y avait pas de doute sur l'utilité d'un retranchement qui permettrait à Paris de se défendre par lui-même, et à nos armées de rester appuyées aux places de la frontière sans s'inquiéter des pointes que l'ennemi voudrait tenter, pour son malheur, au cœur de la France. D'un autre côté il est bien démontré que l'enceinte seule, avec les trois forts de Charenton, de Saint-Denis et du Mont-Valérien, suffisait parfaitement à la défense, tandis que les forts détachés doivent y nuire en absorbant des garnisons et un matériel qui seraient bien plus utiles dans l'intérieur de la place. Pourquoi donc ce débat acharné où la mauvaise foi des arguments a trahi tant d'arrière-pensées. C'est qu'au fond il s'agissait, comme en toute circonstance depuis dix ans, d'une direction générale à donner à notre politique dans le sens aristocratique ou dans celui de la démocratie. Et qu'a fait la chambre? Ce qu'elle fait toujours. Un compromis bâtard entre les deux systèmes, qui n'atteint le but ni de l'un ni de l'autre.

Il y a un parti qui conspire le retour de la France à l'état d'une société aristocratique. Pour lui, la France est toute entière dans ces éléments d'aristocratie qui gisent encore épars et déracinés sur notre sol, et auxquels il voudrait faire reprendre racine. Ce parti était conséquent avec lui-même en rejetant l'enceinte. La France telle qu'il la conçoit et la veut ne serait plus en butte à la conjuration des puissances rivales, et pour l'amener à s'abjurer ainsi elle-même, le meilleur moyen serait certainement de la laisser désarmée sous la menace de l'Europe. Un système de fortifications qui ferait reposer principalement la défense nationale sur la démocratie parisienne, avant-garde de la démocratie française, ne pouvait être du goût des hommes de cette opinion. N'avons-nous pas vu dans la discussion percer leur désir de décapitaliser Paris, c'est-à-dire de décapiter la France, afin que désormais le centre de l'État fût partout où le monarque voudrait transférer sa cour? En fait de fortifications, il ne leur faut qu'une ceinture de citadelles au moyen desquels ils peuvent espérer, avec une vingtaine de mille hommes dévoués, de bloquer Paris et de le réduire. Ce n'est pas une couronne de remparts qu'ils veulent pour armer la tête de la France; c'est un carcan pour lui serrer le cou.

Ceux, au contraire, qui voient dans la France ce qu'elle est et ce qu'elle doit être, une société démocratique; ceux qui veulent qu'elle s'organise et se développe conformément à sa nature , qu'elle soit toujours en Europe le peuple de la démocratie, initiateur des autres peuples au progrès social, ceux-là ne pouvaient , sans aveuglement, admettre autre chose qu'une enceinte régulière, faite pour ajouter seulement à la force de la cité, et deux ou trois forts trop éloignés les uns des autres pour former une chaîne autour d'elle.

Ces deux opinions étaient seules logiques. Ce qui a prévalu, cependant, en cette circonstance comme toujours depuis dix ans, c'est l'éclectisme irrationnel qui prétend concilier les deux extrêmes en les accolant ensemble, et ne fait ainsi que préparer des discordes futures. En accordant les forts détachés sans aucune garantie sur l'emplacement ou la disposition qu'on voudra leur donner, sans même imposer d'une manière efficace la simultanéité des travaux de l'enceinte, la chambre a livré , autant qu'il dépendait d'elle, l'avenir de nos libertés à la discrétion du pouvoir exécutif, maître, dans le fait, de diriger l'exécution de la mesure comme il lui conviendra. Rien ne peut l'excuser de n'avoir pas, au moins, exigé l'achèvement de l'enceinte avant la construction des forts, puisque l'enceinte par elle-même aurait une valeur , tandis que sans elle les forts seraient à peu près inutiles. Par cette conduite, elle a pris une lourde responsabilité et donné la mesure définitive des espérances qu'on peut fonder sur sa capacité politique et son autorité morale. Ne fût-ce que pour avoir une représentation nationale capable de réparer cette faute ou de lutter avec énergie contre les dangers qui peuvent en résulter, la réforme électorale est plus que jamais une pressante et impérieuse nécessité.

Sous quelque rapport qu'on envisage cette mesure, elle entraîne des conséquences graves et inévitables qu'il faut savoir accepter. D'abord elle n'a de sens et de valeur qu'à la condition d'être accompagnée d'un mouvement vraiment national de la politique ; car il est bien inutile d'augmenter nos forces à grands frais, si nous devons continuer à déserter en face de nos adversaires la cause que nous sommes appelés à défendre. Vous tous, députés ou citoyens, qui avez voulu armer la citadelle de la révolution, c'est bien sans doute, mais ce n'est pas assez. Pour rendre la France invincible il ne s'agit pas seulement de lui donner un bouclier, mais de lui fortifier le bras et de lui raffermir le cœur. Et pour cela que faut-il ? Raviver le principe politique de notre société et réformer en conséquence notre organisation. Une société véritable, une nation n'existe pas, qu'on le sache bien, par l'aggrégation matérielle des individus et des intérêts, mais par l'union des âmes dans une foi commune à un principe de droit qui devient pour tous la règle et le mobile désintéressé des actions humaines, la source de l'enthousiasme, du dévouement et des vertus civiques. Un tel principe, incorporé à la substance même d'un peuple, constitue son caractère et fait qu'on le connaît comme il se connaît lui-même. Il y a plus : dans des époques comme la nôtre, où la religion a besoin de se régénérer pour recouvrer sa puissante influence, une religion politique est d'autant plus nécessaire qu'elle peut suffire, pendant un temps, à soutenir et alimenter la vie morale dans son ensemble. Or, nous en possédons une ; c'est la foi à ce dogme de l'égalité civile et politique qui attribue à tous les citoyens les mêmes droits dans la société et n'admet de restriction à leur exercice qu'à titre de nécessité transitoire. Mais ce dogme, on l'a nié ou faussé depuis dix ans, on s'est efforcé de l'effacer de la conscience publique, et on lui donne un démenti formel par cette immuabilité attribuée au système électoral dont l'effet inévitable serait de scinder la nation en deux parts, une oligarchie souveraine et un peuple de sujets, non de citoyens. De là le relâchement, nous dirions presque la dissolution croissante de la société française. Rendez-lui donc sa foi ; donnez en même temps l'essor à ses forces vitales en organisant la démocratie où elles résident. Comment se fait-il qu'il n'y a plus de hautes pensées, de sentiments héroïques, de grandes lumières dans les conseils de la nation ? D'où vient cette absence de caractères fermes, d'intelligences vastes, cette pénurie d'hommes d'Etat et de capacités dirigeantes à tous les degrés ? Pourquoi le pouvoir passe-t-il incessamment de main en main, dans un cercle de quatre ou cinq hommes dont il ne peut sortir ? Est-ce pauvreté de l'intelligence publique, affaissement du génie national ? Non heureusement : mais c'est que, par l'insuffisance de nos institutions, le sentiment inspiré et généreux des masses et les individualités éminentes dans lesquelles il s'incarnerait ne peuvent surgir ni prendre dans l'Etat l'autorité qui leur appartient. Etendre l'élection et augmenter l'influence des pouvoirs qui en sont issus, est le vrai remède à ces maux, et la réforme électorale est la pierre angulaire d'une semblable organisation de la démocratie.

Hommes de l'opposition parlementaire, vous êtes en demeure désormais de montrer que vous comprenez la portée de vos paroles et de vos actes. Nous savons qu'il ne vous est pas donné de rien fonder de définitif, car vous ne croyez pas aux principes; mais du moins, ouvrez la porte au progrès en rompant ce cercle fatal du cens actuel. Si le projet de réforme mis en avant par vous il y a un an, n'était pas un vain leurre pour l'opinion publique, voici le moment de le transformer en proposition formelle et d'ouvrir une discussion solennelle qui, retentissant dans toute la France, mûrirait rapidement l'esprit public. Vous y êtes d'autant plus obligés qu'en donnant par l'érection des forts de nouvelles armes au pouvoir exécutif, vous avez pris l'engagement moral de fortifier laliberté contre l'abus qu'il pourrait en faire. M. Barrot l'a reconnu à la tribune. Nous prenons acte de sa déclaration et nous vous adjurons de faire honneur à sa parole. Il n'est plus temps de reculer ni d'éluder, sous prétexte qu'il s'agit avant tout de la réforme du ministère; l'évènement a montré la vanité de ce calcul. Songez que vous aurez compromis la destinée de la France si, après avoir fourni de si puissants moyens d'action au gouvernement, vous ne consolidez la démocratie qui doit être à la fois son point d'appui et son frein.

Quant à l'homme éminent dont vous suivez aujourd'hui la bannière, malgré toutes les réparations qu'il doit à la patrie, nous lui reconnaissons la capacité et le désir de préparer la France au combat; mais qu'il ne croie pas accomplir jamais rien de grand s'il n'est de complicité avec la nation. Un moyen lui reste de trouver un emploi vraiment utile à ses incontestables talents; c'est de les mettre au service de la cause nationale et de rentrer au pouvoir par le triomphe de cette cause. Hors de là il n'y a pour lui, comme pour le pays, que déception et impuissance.

Aux démocrates enfin, le vote de la Chambre impose le devoir de redoubler d'efforts pour conquérir le progrès politique qui doit faire porter à la loi nouvelle tous ses fruits en conjurant ses dangers. Qu'ils ne s'aveuglent pas sur la gravité des circonstances, et qu'ils se serrent autour du drapeau qui seul peut être pour eux un point central de ralliement. Tout par la réforme, rien sans la réforme, voilà la vérité, voilà le résumé de la situation politique.

2 février 1841.

URGENCE

DE LA

RÉFORME ÉLECTORALE.

Cette brochure ne traite pas de la réforme électorale dans ses rapports avec les principes du droit public et la perfection de l'ordre politique. Ce côté de la question sera le sujet d'un second et prochain écrit. Quant à présent, nous ne voulons qu'examiner si, dans les circonstances présentes, cette réforme n'est pas le point capital et décisif sur lequel il importe d'appeler la discussion, de concentrer l'activité politique de la France, et, pour ainsi dire, de convoquer l'esprit public. C'est ainsi qu'elle se présentait il y a un an, lorsque deux cent mille pétitionnaires vinrent la réclamer. Depuis cette époque, des faits nouveaux, graves, menaçants, ont surgi de divers côtés aux yeux troublés de ces prétendus hommes politiques qui, faute de croire aux principes et à l'empire irrésistible des lois providentielles, n'ont aucune boussole pour s'orienter dans le monde moral. Les redoutables problèmes qui reposent au fond de la situation actuelle ont été révélés au grand jour. Mais ces événements ont-ils changé l'état de la question générale ? Nullement, car, à mes yeux du moins, ils ne sont qu'une justification des craintes de l'opinion démocratique, une confirmation de ses idées et un motif plus impérieux de persévérer dans la ligne de conduite précédemment adoptée par elle.

Qu'avons-nous vu, en effet, pendant ces six derniers mois ? D'abord une question immense, quoique non la plus fondamentale selon nous , la question extérieure et diplomatique s'est dressée tout à coup avec un si formidable aspect , que sa solution par les armes a pu un moment paraître imminente même à de bons esprits; et si elle semble s'éloigner aujourd'hui , on peut compter qu'elle reparaîtra, toujours plus impossible à éluder , jusqu'au jour du jugement définitif entre les vieilles puissances et les nouvelles idées. D'un autre côté, la question sociale ou économique s'est posée nettement dans les esprits en même temps qu'elle prenait un corps, en quelque sorte , par ces nombreux rassemblemens de prolétaires faisant scission avec la société. Enfin, la question morale et religieuse , plus reculée par la raison même qu'elle touche plus au fond des choses, a fait de continuels progrès. Loin de nous de nier l'importance de ces trois problèmes; mais il s'agit de savoir s'il faut nous absorber dans l'un d'eux, ou si, au contraire, sans cesser d'en poursuivre la triple solution, et en vue même de la rendre plus facile, nous ne devons pas proposer pour but à notre activité présente de produire l'avénement politique de la démocratie, en ralliant tout ce qu'il y a en France de sentiments patriotiques sous le drapeau de la réforme électorale.

A l'appui de cette dernière opinion, le premier argument qui se présente, c'est le fait même que nous avons sous les yeux. Le dernier ministère n'était-il pas en effet, le produit le plus excellent, l'effort extrême

du système électoral actuel? Le gouvernement parlementaire qu'il venait fonder n'était-il pas le règne désormais incontesté de cette bourgeoisie électorale dans
laquelle ce système tend, de l'aveu de ses partisans et
de ses auteurs même, à concentrer éternellement la
vie politique de la nation ? Par conséquent, ne sommes-
nous pas fondés à le prendre pour l'expression la plus
haute et le dernier mot de cette espèce d'oligarchie?
Lorsqu'elle a enfanté ce pouvoir qui devait tout régénérer, c'était sous l'inspiration des sentiments et des
circonstances les plus propres à développer toute la vir-
tualité qui est en elle; c'était par réaction contre le
parti de la prépondérance du principe monarchique;
c'était pour conquérir la souveraineté réelle; c'était avec
l'assentiment de la France entière soulevée contre les
projets d'apanage et de dotation et déjà indignée de
l'abaissement continu de notre diplomatie ; c'était
enfin après une longue bataille parlementaire qui l'avait
laissée maîtresse absolue du champ de bataille. Dans le
cabinet, elle était désormais représentée par les deux
hommes d'état dans lesquels se résume tout ce qu'elle
possède de science politique et de capacité gouvernementale, et derrière ces hommes, presque toutes ses
illustrations, ses puissances, ses popularités parlemen-
taires étaient groupées en faisceau pour les soutenir et
les pousser en avant. Ainsi constituée, elle était bien et
dûment en demeure de montrer ce qu'elle pouvait faire.
Eh bien, qu'a-t-elle fait, ou, si l'on veut, qu'a fait pour
elle son ministère? Sur la foi des traditions prétendues
révolutionnaires de son chef et de l'alliance qu'il affectait
avec l'opposition libérale, on espérait généralement qu'il
ouvrirait une ère de progrès continu dans l'applica-

tion du droit social proclamé par la révolution et reconnu en principe par la constitution actuelle; eh bien, il débute par nier effrontément ce droit dans la discussion ouverte sur la pétition réformiste, en prétendant, avec un matérialisme de doctrines vraiment cynique, qu'il n'existe aucun droit dans le monde hors des conventions arbitraires établies par la législation positive. Il avait osé s'annoncer comme le restaurateur de *l'ordre moral*, et l'on croyait du moins que sous son administration toute liberté serait laissée à l'élaboration des idées par la discussion publique; eh bien, c'est lui qui a commencé par une série de poursuites contre la presse, surtout par celle dirigée contre l'un des hommes qui font de nos jours le plus d'honneur à l'esprit humain, l'application rigoureuse et systématique des lois de septembre, dans le même temps que sous son influence le matérialisme et la corruption s'insinuant partout, ternissant même de leur souffle des probités intactes qui n'avaient certainement d'autres torts que de se trouver voisines du pouvoir, enfin se révélant à la tribune par ces scandaleuses naïvetés que n'oubliera pas la conscience publique, anéantissaient, autant que faire se peut, toute foi au bien et tout sentiment moral. Quant à cette habileté administrative qui devait, en fécondant toutes les sources de la production, concilier tous les intérêts rivaux au sein d'une prospérité commune, qu'at-elle su trouver pour guérir les plaies de notre ordre social? Rien, si ce n'est la répression plus sévère que jamais des tentatives d'association de la part des travailleurs; tentatives condamnables, sans doute, dans la forme et les procédés, mais inspirées au fond par un impérieux besoin d'organisation. Enfin, qu'est devenu entre les mains de ce ministère le rôle de la France dans la politique internationale? Les prétentions napoléoniennes et les belliqueuses velléités de son chef faisaient espérer en lui un ferme champion de la nationalité française. C'est là qu'on l'attendait, que l'on comptait sur lui; c'est là qu'était son triomphe présumé; c'est là qu'a eu lieu sa plus lourde chute. Quoi de plus déplorable que les légèretés fanfaronnes qui ont compromis la France? Quoi de plus triste que la soumission mal déguisée, et dédaigneusement repoussée par l'étranger, que contient la note du 8. octobre? Il y avait du moins une tâche à la portée du génie de ce ministère, c'était de fabriquer l'armure dont la France pourrait un jour se servir : pour cela même il s'est montré insuffisant. Ainsi, par exemple, il a si bien pris son temps et démasqué si à propos ses vues, que partout le passage a été fermé aux remontes de notre cavalerie. En vain a-t-il allégué pour s'excuser à cet égard la fatalité des circonstances? S'il eût eu la prévoyance politique dont il s'est vanté, s'il eût compris profondément l'incompatibilité, l'hostilité sourde et irrémédiable de l'Europe monarchique avec la France depuis 1830, n'aurait-il pas dès le mois de mars, avant que l'éveil fût donné aux étrangers, rétabli notre armée au moins au complet de paix? Une grande mesure d'avenir s'offrait à lui, commandée par la gravité des conjonctures; il s'agissait de ceindre la capitale, tête de la France, d'une couronne de remparts. Cette mesure, qui devait être le gage du salut de la patrie, est devenue entre les mains de ce ministère un danger, ou, au moins, une cause d'effroi pour la liberté. L'alliance de l'Espagne, acquise à la France par la nature même des choses, assurait notre position de bataille ; il a trouvé le moyen de nous la faire perdre en trahissant à la fois, par sa politique anti-libérale, deux causes à jamais inséparables, celle de la nationalité française et celle de la révolution. Enfin, après avoir imprudemment menacé lorsqu'il ne se sentait pas capable d'exécuter ses menaces, il a laissé échapper une occasion peut-être unique d'obtenir un avantage glorieux, sinon décisif, sur les dictateurs de la mer, par l'envoi de notre flotte sur les côtes d'Égypte, accompagné d'une déclaration franche et hardie. Et plus tard il a osé faire parade des héroïques intentions qu'il prétend avoir eues ! Mais si elles étaient si héroïques et en même temps inspirées par un vrai patriotisme, ne les aurait-il pas fait inévitablement triompher en s'appuyant sans arrière pensée sur la volonté nationale ? Non : qu'on n'espère plus désormais abuser le sens public par de vaines déclamations. Les faits parlent trop haut ; ils nous donnent la mesure définitive du gouvernement parlementaire tel qu'il peut sortir de la loi électorale actuelle. Un moment la France a cru pouvoir se reposer du soin de son avenir sur des tuteurs indignes d'elle ; confiante, elle se serait même laissé entraîner à leur suite, s'ils avaient eu plus de résolution, dans une guerre qui, engagée ainsi, ne pouvait être vraiment nationale, car elle n'aurait pas été faite pour la bonne cause, pour la cause de la patrie, du droit et de l'humanité. Elle doit voir désormais que, soit pour accomplir le progrès moral et social auquel elle aspire, soit pour recouvrer sa grandeur politique, c'est une condition indispensable qu'elle prenne elle-même la haute main sur sa destinée, qu'elle se présente en personne et non plus par procureur dans le conseil des nations. Il lui faut donc, avant tout, une véritable représentation nationale, et par l'influence de celle-ci un vrai gouvernement qui, dévoué sans réserve et sans partage aux intérêts publics, soit réellement l'organe par lequel la société entière pense, veut et agit.

Mais cette démonstration par l'expérience ne nous suffit pas; les faits ne prouvent quelque chose que par la révélation qu'ils nous donnent des lois qui régissent le monde de la liberté humaine comme d'autres lois régissent le monde physique. Il nous reste donc à montrer que cette impuissance du pouvoir parlementaire actuel à guider notre patrie dans l'accomplissement de sa destinée n'est pas seulement un fait avéré, mais un fait nécessaire.

DU PROGRÈS MORAL.

Nous laissons de côté, à dessein, ces apôtres du matérialisme social, qui, sans nul souci des intérêts moraux, de la justice, de la moralité, de la religion, de tout ce qui fait la vie de l'âme, font consister la civilisation dans l'industrialisme et la production physique. Si ce n'est rien pour eux que la dégradation dont la nature humaine serait frappée par leur système, du moins ils devraient comprendre que la première condition pour le développement large et régulier de la prospérité matérielle, ce serait précisément un ordre social où tous les citoyens auraient leur légitime part d'activité et de jouissances. Sans cela d'ailleurs l'augmentation de la richesse générale ne ferait que rendre plus insupportables la misère et l'abaissement des uns auprès de l'orgueilleuse opulence et de la magnifique corruption des autres. L'histoire, enfin, devrait leur apprendre qu'un peuple ne déserte pas impunément la mission que la providence lui a donnée pour se plonger sans remords dans le culte de la matière, qu'à côté d'un tel peuple il s'en dresse toujours d'autres pour en faire justice, que la barbarie est toujours là, prête à dévorer l'héritage de la corruption, et qu'un Bas-Empire a toujours les Vandales à sa porte. Si la France, abjurant tous ses nobles instincts, se laissait jamais séduire par ces grossières doctrines, c'est alors qu'elle mériterait de tomber sous le sabre des barbares, et l'humanité ne pourrait qu'applaudir à sa chute.

Heureusement il n'en est pas ainsi. Croire, sur la foi des apparences extérieures, que la vie de notre siècle et particulièrement celle de notre pays soit dans ces velléités d'engouement industriel que nous voyons constamment avorter, au bout de quelques efforts, c'est, selon nous, une erreur complète. La vie de notre siècle et de notre pays n'est pas même dans cette agitation superficielle des passions politiques qui ne sont trop souvent par elles-mêmes qu'une fièvre énervante. Elle est dans les idées qui germent, croissent, se ramifient de toutes parts, portant en silence au cœur de l'humanité une sève qui régénère. Un monde intellectuel se forme dans les esprits, qui, par une sorte de création nouvelle, transformera le monde des faits; car c'est la destinée fatale de notre génération, en même temps que c'est sa gloire, d'avoir à se refaire elle-même, à refaire ses sentiments, ses instincts et jusqu'à son existence physique, par l'effort libre de sa pensée. Ainsi donc, ne nous y trompons pas, c'est, au fond, de la rénovation de l'homme intérieur qu'il s'agit aujourd'hui ; ce sont les mœurs, les croyances, la science des choses divines et humaines qui sont surtout à relever de leur prostration. Sans cette rénovation intime, nulle réforme ne serait complète, nul progrès réel et normal. Nous dévoilerions, si notre sujet admettait de telles digressions, comment dans une zone obscure et souterraine de la société actuelle, dans ce qu'on pourrait appeler les catacombes de notre époque, un travail sourd et profond s'accomplit par le développement du sentiment de la fraternité dans le sein des masses, et par l'investigation philosophique la plus hardie, comme la plus sérieuse, de la part des penseurs. Les hommes qui ne voient de la réalité que son écorce, pour ainsi dire, ne s'imagineraient jamais quel chemin a fait l'esprit humain depuis un quart de siècle, et comment les éléments d'un ordre moral nouveau se montrent déjà dans une conception de la Providence divine et de la vie générale du monde, plus large que celle admise aux siècles passés, dans le dogme de la perfectibilité fécondé par une profonde métaphysique, et dans le principe, de mieux en mieux compris, de la solidarité naturelle et obligatoire qui lie les hommes entre eux.

De là certainement sortira l'avenir. Aussi nous comprenons qu'à un point de vue élevé et philosophique, l'importance de la régénération intime des âmes efface tout autre objet et fasse négliger comme vain et insuffisant en lui-même le progrès des institutions politiques. Mais cette erreur, pour être concevable, n'en est pas moins une erreur. Pour que l'esprit s'incarne dans la matière, il faut que celle-ci soit préalablement disposée à s'animer de son souffle; pour que les idées transforment la société, il faut que par son organisation elle s'ouvre déjà à leur invasion. Nous ne sommes plus au temps où le christianisme ne pouvait sauver l'avenir du monde, qu'en fondant au milieu d'une société condamnée une autre société distincte, isolée, indépendante. L'empire romain n'était pas une patrie pour ses habitants; la France en est une pour ses citoyens, car le sentiment d'une solidarité héréditaire existe entre eux, du moins chez le plus grand nombre, et en fait une véritable nation. Dès lors, c'est dans la conscience publique inspirée par ce sentiment de solidarité que se trouve le sens certain de la vérité religieuse et sociale; d'où il suit que, pour la découverte même autant que pour le triomphe de cette vérité, il est indispensable que des institutions démocratiques permettent à la conscience publique de se produire et de prononcer sur les systèmes des philosophes. Tissue comme elle l'est, la société française ne peut se régénérer que par un effort unanime et surtout par l'initiative du législateur. Sans la permission de la loi point de travail intellectuel; car dans l'état présent et avec la législation de septembre, les intérêts dominants, maîtres du pouvoir, ont la faculté d'entraver puissamment l'essor de la pensée. Comment, d'ailleurs, exercer efficacement une influence morale sans l'instrument tout puissant de l'enseignement public qui relève aussi de la loi? Et puis il ne faut pas se méprendre sur le génie de notre nation. Peu faite pour l'exercice purement abstrait de la pensée, c'est le sentiment qui prime en elle, et voilà pourquoi elle excelle surtout sous le rapport de la sociabilité. Quoique le progrès social ne soit logiquement que la conséquence du progrès philosophique, c'est le premier qui, chez nous, ouvrira la voie à l'autre ; car la France sent et pratique les idées bien avant d'en avoir acquis la science parfaite. Ce serait un tort grave que d'abandonner le monde politique au chaos en attendant que le flambeau des idées fût assez brillant pour y faire jaillir une lumière sans ombre. Ce flambeau même ne peut être allumé que si l'on entretient et si l'on étend le foyer des sentiments de sociabilité qui sont encore dans la masse à l'état instinctif. Donc, tout en cherchant la vérité morale et religieuse, il n'est pas moins nécessaire, dès à présent, de travailler, par le progrès des institutions, à produire l'avénement réel de la volonté générale.

DE LA QUESTION SOCIALE.

Autant en dirons-nous à ces adorateurs exclusifs de l'économie politique qui ne veulent voir que la question sociale. Nous ne méconnaissons certes pas la gravité supérieure de cette question, et peut-être la sentons-nous plus profondément que personne, car outre une juste association à introduire dans l'atelier social entre les travailleurs et les directeurs de la production, outre l'amélioration du sort des prolétaires et l'établissement d'une meilleure administration de la fortune nationale, nous y voyons encore l'institution future de nouveaux rapports dans le droit civil. Sa solution est, à nos yeux, le grand travail du siècle, peut-être de plus d'un siècle. Voilà pourquoi nous rejetons comme une chimère tout système qui prétend la trancher d'un seul coup, mais voilà pourquoi aussi nous pensons qu'il faut travailler sans retard et sans relâche à dénouer ce nœud gordien. Ce n'est pas chose nouvelle. Il y a plus d'un demi-siècle que Turgot posait ce grand principe : « Dieu, en donnant à l'homme des besoins, en lui rendant nécessaire la ressource du travail, a fait, du droit de travailler, la propriété de tout homme ; et cette propriété est la première, la plus sacrée, la plus imprescriptible de toutes. » Après lui, Necker, revendiquant à son tour le droit des prolétaires, écrivait ces belles paroles : « Presque toutes les institutions civiles ont été faites pour les propriétaires. On est effrayé en ouvrant le code des lois de n'y découvrir partout que cette vérité. On dirait qu'un petit nombre d'hommes, après s'être partagé la terre, ont fait des lois d'union et de garantie contre la multitude, comme ils auraient mis des abris dans les bois pour se défendre des bêtes sauvages. Cependant, on ose le dire, après avoir établi les lois de propriété, de justice et de liberté, on n'a presque rien fait encore pour la classe la plus nombreuse des citoyens. Que nous importent vos lois de propriété, pourraient-ils dire, nous ne possédons rien ; vos lois de justice ? nous n'avons rien à défendre ; vos lois de liberté ? si nous ne travaillons pas demain, nous mourrons. »

« Il n'y a que trois manières d'exister dans la société, dit plus tard Mirabeau à la tribune de l'Assemblée constituante ; il faut y être mendiant, voleur, ou salarié. Le propriétaire n'est lui-même que le premier des salariés. Ce que nous appelons communément sa propriété n'est autre chose que le prix que lui paie la société pour les distributious qu'il est chargé de faire aux autres individus par ses consommations et ses dépenses ; *les propriétaires sont les agents, les économes du corps social.* »

Enfin Condorcet, au sein de la Convention, vient résumer toute cette tradition par cette phrase célèbre, devenue depuis la devise de l'école saint-simonienne : « Les institutions politiques doivent avoir pour but l'amélioration physique, morale et intellectuelle de la classe la plus nombreuse et la plus pauvre. »

Repris en 1830 à ce point de départ, ce débat a fait, en dix ans, un pas immense. Des spéculations abstraites de la science et des tumultes sanglants de la rue, il a été transporté dans la discussion publique, et y a pris, comme on devait l'espérer, une tournure qui permet d'y entrevoir désormais une solution pacifique et graduelle. Jusque-là il se présentait comme un duel à mort entre le droit de propriété et le droit de travail, considérés tous deux comme absolus. On a commencé à comprendre que la propriété, en tant que possession des capitaux et des instruments de production, étant une fonction sociale, impose des devoirs correspondants aux droits qu'elle donne et comporte des lois qui en règlent l'usage dans l'intérêt de tous. N'est-il pas évident que la société ayant, par les institutions sur lesquelles elle s'appuie, ajouté aux inégalités naturelles des inégalités factices, doit, pour rétablir un juste équilibre, réagir avec sa sagesse et sa puissance en faveur de l'égalité ? Le progrès de ces idées conduit de plus en plus les esprits à reconnaître que cette constitution anarchique de l'industrie, qui en livre la direction absolue aux capitalistes, bonne peut-être pour donner accidentellement un grand essor à la production, serait insuffisante pour la régulariser, pour en distribuer équitablement les fruits, et conduirait à tous les abus d'une féodalité industrielle. De leur côté, les travailleurs ont senti que si tous veulent avoir leur place dans l'atelier social, chacun doit accepter celle qui lui sera assignée par une sagesse supérieure à son jugement individuel. Le but de leurs dernières agitations était même d'obtenir l'intervention de l'autorité pour empêcher les plus habiles ou les plus forts, parmi eux, d'abuser de leur supériorité en accaparant l'ouvrage de tous; sorte d'usurpation qui tourne contre ses auteurs, car ils s'exténuent ou s'abrutissent par un travail forcé, et se tuent de fatigue pour faire mourir leurs voisins de faim. De toutes parts enfin la concurrence effrénée qui nous déchire, le gaspillage, les injustices, la mauvaise foi qu'elle engendre et qui décrient notre commerce au dehors en ruinant notre industrie au dedans, tous ces maux ont été dévoilés. Et où en a-t-on aperçu le remède? Dans une direction gouvernementale analogue, sauf la correction des abus et le perfectionnement des formes du pouvoir, à celle instituée naguère sous la monarchie par Sully et Colbert. M. Louis Blanc a développé avec un remarquable talent la pensée de régulariser toute l'activité industrielle de la France au moyen de grands ateliers établis par l'État, associés ensemble, faisant concurrence à la concurrence elle-même, et susceptibles d'enfanter progressivement l'association universelle des travailleurs sous une équitable législation. D'autres publicistes voudraient borner l'initiative du gouvernement à éclairer l'activité productive des individus par la publicité des renseignements statistiques que lui seul peut donner avec certitude, par des conseils, des instructions. Quelques-uns demandent l'institution d'arbitres impartiaux pour juger entre les ouvriers et les maîtres, la création d'une série de banques destinées à mettre les capitaux à la portée de tous, le rétablissement des corporations sur des bases plus libérales, la diffusion gratuite et régulière de l'instruction professionnelle, ou seulement une législation et un système administratif plus favorable à l'association. Il y a plus. Au milieu de ces agitations récentes, déplorables en elles-mêmes, mais qui ont du moins eu ce résultat d'ouvrir les yeux à tous les hommes de bonne foi sur les vices de notre économie politique officielle, quelle formule s'est produite jusque dans les feuilles de la presse libérale, forcée enfin d'accepter ce débat? La formule de l'organisation du travail. Or qu'est-ce que l'organisation du travail, sinon l'intervention active de l'autorité souveraine? Dès-lors la constitution de cette autorité ne devient-elle pas, rien que sous ce rapport, un point capital et décisif? Ne sent-on pas que pour entrer dans la voie du progrès législatif, en cette matière si grave et si difficile, la première condition est d'avoir une chambre issue d'élections vraiment générales, et qui soit l'expression impartiale de toutes les lumières comme de tous les intérêts du pays.

Attendre du système électoral actuel ces grandes améliorations, ce serait avoir dans la vertu des hommes une confiance généreuse sans doute et peut-être quelquefois justifiée, mais qui ne saurait servir de base raisonnable à la politique. Les électeurs censitaires, tirant, pour la plupart, leur revenu et leur pouvoir du loyer des capitaux et des instruments de production, n'ont pas intérêt à donner au travail, par l'organisation du crédit, une sorte de commandite sociale qui allégerait sa dépendance vis-à-vis des capitalistes. Sans doute, ce qu'ils pourraient perdre passagèrement de ce côté, ils le retrouveraient avec avantage dans l'accroissement de la richesse et de l'activité générales. Mais peut-on espérer d'une masse d'hommes ce calcul élevé et prévoyant? Nous admettons cependant que les députés nommés par eux prendront généreusement en main la cause des travailleurs salariés; mais comment leur serait-il donné de comprendre à fond des intérêts auxquels eux et leurs commettants sont complètement étrangers? Ne voyez-vous pas l'économie politique anglaise, celle qui demande l'harmonie à la concurrence absolue, et la liberté à la prépondérance écrasante des gros capitaux, régner encore à la chambre et entraver toute large organisation des travaux publics?

Et puis, quels sont les pouvoirs exécutifs qui peuvent surgir d'un parlement formé par notre loi électorale? un ministère Molé, un ministère Thiers ou un ministère Guizot. Or, qu'est-ce qu'un ministère Molé? C'est le système de la prépondérance absolue du pouvoir royal, ce qui suppose à ce pouvoir un cortége de priviléges sociaux. Qu'est-ce qu'un ministère Thiers? Le matérialisme politique qui cherche, non pas où est la justice, mais où est la force, la force actuelle, pour y prendre le point d'appui du mouvement sans

but qu'il veut à tout prix imprimer au monde. Qu'est-
ce qu'un ministère Guizot? Le calvinisme politique ,
qui, acceptant comme loi providentielle le fait fatal du
partage de la société en citoyens libres et dépositaires
de la richesse , et en habitants travailleurs et dépen-
dants, se fait le ministre armé de cette fatalité , et prétend en consolider à jamais l'empire. Evidemment,
tous ces systèmes, tous ces hommes s'attacheront aux
intérêts dominants, et ordonneront l'état à leur profit.
Comment espérer d'eux la conciliation de tous les
droits et l'établissement d'une véritable solidarité
sociale sur le principe de l'égalité ?

Il semble au premier abord que le vote récent de
la loi sur le travail des enfants soit un démenti à nos
idées. Mais, qu'on y réfléchisse ; si cette loi a été faite,
c'est qu'il y avait nécessité absolue, c'est que les autres
états nous avaient donné l'exemple , surtout c'est
qu'il fallait bien assurer à l'état, pour sa défense future, des hommes capables de porter les armes.
D'ailleurs, elle est insuffisante si l'on n'y joint d'autres mesures. L'exécution en est difficile. Son effet sera
même d'augmenter la complication actuelle en dimi-
nuant les moyens d'action de l'industrie et les ressources des pauvres familles. Elle rendra donc plus ur-
gente l'amélioration du sort des travailleurs, en même
temps qu'elle exigera un développement plus grand
de l'éducation publique. C'est à ces conséquences de
la loi que nous attendons les pouvoirs actuels.

En dernière analyse , deux intérêts distincts se par-
tagent les sociétés modernes , celui des travailleurs et
celui des capitalistes, possesseurs des instruments de
travail. Concilier ces deux intérêts en réunissant tra-

vailleurs et capitalistes dans une juste association dont l'effet serait d'augmenter considérablement la richesse et la prospérité générale, voilà tout le problème économique. Pour le résoudre, la première condition c'est donc que l'un et l'autre des intérêts en présence soit également représenté et défendu dans les conseils de la nation. Or, comment cela serait-il aujourd'hui, lorsque l'on n'admet pas même au droit électoral la véritable classe moyenne, celle qui, vivant autant de labeur que de crédit, participe à la fois aux intérêts du travail et à ceux du capital, et semble, par conséquent, la mieux placée pour juger entre eux avec impartialité?

Une considération grave nous paraît d'ailleurs dominer tout le débat. Cette conciliation des droits, cette association des intérêts, qui est en question, ce n'est pas seulement au moyen de combinaisons matérielles plus ou moins savantes qu'on les réalisera; c'est par le développement des sentiments de charité et de justice, et surtout du sentiment de cette solidarité morale qui unit tous les membres d'une même nation et doit en faire comme une seule famille. Or, si vous voulez trouver ce sentiment dans les rapports sociaux, il faut le développer dans la sphère politique. Associés d'abord à titre de citoyens sur le pied de l'égalité, maîtres et ouvriers apprendront à s'associer à titre de travailleurs. Rendez donc réelle et palpable pour chacun, au moyen de l'extension du droit de suffrage, la part qui lui appartient dans la grande communauté sociale, et transportez ainsi les esprits du point de vue étroit de l'égoïsme au point de vue élevé de l'intérêt national.

Parmi ceux qui prétendent séparer la réforme sociale

de la réforme politique, les disciples de Fourrier en France, ceux d'Owen en Angleterre, sont seuls conséquents. Je mets ensemble ces deux sectes, car c'est la même, sauf les différences qui résultent du génie national des deux peuples. Leur erreur est grossière. Nos fourriéristes croient avoir simplifié la nature humaine lorsqu'ils n'ont fait que la tronquer misérablement en n'y admettant que les instincts qui nous portent vers l'existence extérieure et phénoménale. Puis, ils s'imaginent que ces instincts, pourvu qu'on les livre à eux-mêmes, trouveront naturellement leur mesure légitime et leur *harmonie*. N'est-il pas trop évident, au contraire, que, dégénérant en passions exclusives, ils n'enfanteraient que l'anarchie et la guerre au fond des âmes, et par suite dans les rapports sociaux, si les sentiments nobles et désintéressés, l'amour du bien et du juste, la sociabilité, la charité, le dévouement, la religion, n'intervenaient avec autorité dans ce chaos. Or, c'est précisément pour cultiver ces sentiments supérieurs et pour en assurer la suprématie qu'existe l'association politique, l'État, la Nation. Les fourriéristes effacent donc celle-ci comme inutile, n'admettant d'autre société que la *commune*, c'est-à-dire l'association des intérêts matériels, idéalisée pour eux dans le *Phalanstère*. C'est, en effet, une chose à créer que la véritable commune, c'est-à-dire la gestion en commun des intérêts matériels par groupes d'un certain nombre de familles, et, sous ce rapport, la tendance des phalanstériens a son utilité relative ; mais elle est absurde et funeste quand elle s'efforce de détourner les citoyens du perfectionnement de la société politique. Constituez la grande *commune morale* et elle engendrera les *communes* matérielles. C'est la seule voie qui offre une issue, et les phalanstériens devraient en être convaincus en voyant l'inutilité de leurs efforts pour intéresser les pouvoirs actuels à leurs utopies.

D'ailleurs est-ce seulement pour augmenter ses jouissances que l'homme a été créé ? Non : c'est pour atteindre toute la dignité de son être par l'exercice de la vertu , et conséquemment, par la possession de toute la liberté dont il est susceptible , car il faut être libre pour être capable de vertu. Or, cette participation à la souveraineté qui caractérise le citoyen n'est-elle pas , dans la vie sociale , une partie importante de la liberté. Sans elle donc, eussiez-vous introduit la plus stricte justice dans les rapports civils et dans l'organisation économique, vous n'auriez rien fait que d'insuffisant pour le vrai bien de l'homme , pour sa dignité ; de même que l'attribution à tous des droits politiques serait une réforme tout-à-fait incomplète, si elle n'amenait à sa suite l'acquisition d'une indépendance civile nécessaire pour que chaque individualité se développe librement et se possède elle-même. Il n'y a donc pas de vrai progrès dans l'égalité sociale sans progrès correspondant dans la liberté politique. Ceux-là trompent le peuple, ou se trompent lourdement eux-mêmes, qui lui font espérer de je ne sais quelle invention étrangère à la politique , son émancipation sociale et la guérison de ses maux. Il ne les obtiendra qu'à la condition de les conquérir par l'effort énergique, sage et patient de sa propre volonté, et par un progrès graduel qui a son point de départ nécessaire dans la réforme politique.

DE LA POLITIQUE EXTÉRIEURE.

Mais le plus grand danger n'est pas là aujourd'hui. Il est dans le penchant de la France à oublier, au milieu des préoccupations de la politique extérieure, la cause sacrée de la liberté et de l'égalité. S'il y a un parti qui cherche à nous engourdir dans la paresse et dans la lâcheté, il y en a un autre qui voudrait absorber tout ce qu'il y a en nous de vie politique dans une activité guerrière sans but moral, afin de nous faire déserter le culte et le développement pratique des principes de la révolution. Il semble qu'on veuille renouveler cette grande séduction qui réussit dix ans au système impérial, mais au fond de laquelle il n'y aurait plus aujourd'hui qu'immoralité, déception, par-dessus tout impuissance ; et, pour nous donner ainsi le change sur nos vraies destinées, on exploite, en la faussant, cette fierté nationale, si puissante chez un peuple où l'enthousiasme domine la réflexion.

La France a tant souffert pour le salut du monde, et elle a été payée de tant d'injustices, que nous sentons en nous fermenter un besoin, je ne dirai pas de vengeance, mais de réparation. Il semble que la Providence nous doive la satisfaction de voir dans une dernière lutte l'orgueilleux pavillon de l'Angleterre se baisser devant le nôtre, et le drapeau de la Prusse expier par sa fuite le trait félon qui abattit notre aigle à Waterloo. Comment donc notre cœur ne bondirait-il pas à la première lueur d'une conflagration nouvelle? Mais, cette première exaltation calmée, répondez en conscience, ne serait-ce pas une vengeance plus noble et plus complète à la fois, la seule vengeance vraiment digne de la France, si, au lieu de mettre violemment le pied sur la tête des peuples, elle les conduisait par son exemple, par ses leçons, au besoin par le secours de son bras libérateur, à l'émancipation politique et à l'égalité civile?

Il y a un patriotisme envieux et usurpateur, comme l'égoïsme national des Anglais, qui veulent faire du monde une proie pour leur île, ou comme cet orgueil national que l'empire avait développé chez nous, et qui fondait la grandeur du nom français sur l'humiliation des autres peuples. Est-ce là celui qu'on demande à la France? Ce serait entendre ses intérêts aussi mal que sa gloire. Croit-on, en effet, qu'un tel sentiment ne provoquerait pas contre nous chez les autres nations une réaction égale d'égoïsme et d'orgueil? Voyez, à la première menace d'une guerre d'intérêt et de conquête de notre part, l'Allemagne, oubliant sa secrète sympathie pour nos principes, retrouver ses sentiments de rivalité et de jalousie contre notre puissance. Que les rois absolus fomentent ce faux patriotisme, je le conçois; car il divise les peuples par la haine, en même temps qu'il les détourne de la revendication de leurs droits.

. Le vrai patriotisme n'entraîne pas ces dangers; car il n'est autre chose que l'amour même de l'humanité porté à un plus haut degré de chaleur pour cette branche particulière de la famille humaine à laquelle la naissance et l'éducation nous font appartenir. C'est, nous osons le dire, dussions-nous exciter contre nous d'injustes préventions, c'est dans l'amour de l'humanité que toutes nos affections et tous nos dévouements doivent prendre leur source et chercher leur règle pour être justes et légitimes. Par lui, la famille, la patrie, l'amitié sont comme des anneaux d'alliance entre l'homme et tous les hommes ses frères; sans lui, elles ne seraient que des égoïsmes collectifs et des coalitions haineuses contre le reste du genre humain. Cette vérité commence à se faire sentir généralement aujourd'hui; voilà pourquoi ceux qui ne comprennent le sentiment national qu'à la façon de l'empire, c'est-à-dire sous une forme désormais arriérée, se plaignent tant de l'indifférence publique. Pour reprendre toute son énergie, le sentiment national a besoin de se retremper dans l'amour de l'humanité.

Est-ce à dire qu'il doive se noyer dans un cosmopolitisme vague et énervant? Loin de nous cette pensée. Nous ne croyons pas à cet amour de l'humanité, qui, ne s'appliquant de préférence à aucune société particulière, se vaporiserait, pour ainsi dire, sur toute la surface du globe. Rousseau, l'ami des hommes, s'indignait contre ceux qui prétendent aimer les Chinois et les Tartares pour se dispenser de servir leurs voisins. La Convention avait écrit au frontispice de ses lois : « Nul n'est bon citoyen, s'il n'est bon fils, bon époux, bon père, bon ami. » Il faut ajouter à ces belles paroles : Nul n'est ami de l'humanité, s'il n'est d'abord fidèle et dévoué citoyen. Est-ce que la société universelle du genre humain peut se concevoir sans l'existence indépendante des diverses nations qui la réalisent partiellement, chacune dans son sein, et qui en constituent l'ensemble par leurs relations amicales, en attendant une association plus intime ? Maintenir, à tout prix, la nation dont nous faisons partie dans son rang et dans son légitime domaine est donc pour chacun de nous le meilleur moyen de servir l'humanité et d'y jouer dignement notre rôle. Même sur ce qui touche aux intérêts du monde entier, il n'y a pas de tribunal auquel il nous soit permis, à nous, citoyens d'une nation, d'appeler des décisions de sa volonté générale (1). Elle est pour nous l'organe légitime de l'esprit humain, l'interprète de la volonté divine dans l'ordre des choses sociales. Prendre parti contre son pays, ou même ne pas se rallier, sans marchander,

(1) C'est en cela que consiste la souveraineté. Elle est l'apanage spécial des peuples doués d'une nationalité réelle. Si l'on nous demande en quoi consiste une nationalité réelle, nous dirons : Lorsqu'un peuple possède en lui-même une collection complète des éléments essentiels, et, pour ainsi dire, des organes vitaux de la société humaine, tout ce qu'il faut pour le développement de la vie, sous son triple aspect, matériel, intellectuel et moral, en un mot, une civilisation entière et originale; un tel peuple, véritable abrégé de l'humanité, a qualité pour la représenter et parler en son nom, car il doit avoir le sens complet de ce qui convient à la nature humaine; sa volonté générale est une des grandes voix par lesquelles parle l'esprit humain, souverain suprême ici-bas. C'est alors véritablement une nation, c'est-à-dire un de ces ateliers de civilisation entre lesquels la providence partage le grand travail du perfectionnement de l'humanité par elle-même, et qui ont des cadres géographiques assignés à chacun d'eux dans les divisions naturelles de la surface du globe. Les peuples qui ne remplissent pas ces conditions ne sont que des provinces, ou même des sociétés communales qui ne peuvent avoir qu'une existence imparfaite, et en dehors du droit, tant qu'elles ne se seront pas réunies aux corps de nations dont elles sont destinées à être les membres.

Il n'est pas question dans tout ceci des états non libres où des populations, rapprochées par la force et sans affinité morale entre elles, n'ont de lien commun que le sceptre despotique d'une dynastie ou d'une caste aristocratique. Dans ces états sans nationalité, le dévouement des sujets à une communauté sociale qui n'existe pas, ne nous semble, nous l'avouons, qu'un préjugé souvent déplorable.

à sa cause, fût-elle condamnée par tout le reste de la terre, c'est se faire juge de sa mère, dont on ne doit être que le défenseur envers et contre tous.

L'amour de la patrie, loin de se perdre dans ce culte de l'humanité, qui se confond avec le culte de la justice, s'y ravive donc, au contraire, en s'y épurant; d'une simple passion qu'il était, il devient ainsi une religion enracinée au plus profond de l'âme. Bien différent de ce patriotisme aveugle et incomplet, qui, pourvu que l'*Etat* soit puissant et dominateur au dehors, s'inquiète peu que la *nation* soit esclave et avilie au dedans, le vrai sentiment national voit la patrie dans l'idée sociale qu'elle a mission de représenter dans le monde. Le bien qu'il désire pour elle, c'est celui auquel tout honnête homme aspire pour lui-même, c'est-à-dire la pratique de la justice et le maintien du droit, aussi bien entre les citoyens que vis-à-vis des puissances étrangères. Il ne sépare point la cause de l'Etat de celle de la liberté et de l'égalité; car, pour lui, cette patrie, à laquelle il sacrifie tout, c'est la communauté sociale, c'est le peuple, ce sont tous les enfants de la grande famille, et il ne conçoit pas une gloire, une grandeur, une dignité nationales, dont chacun d'eux n'aurait pas sa part en qualité de citoyen libre. Ainsi compris, le sentiment national, au lieu d'être une cause d'antagonisme entre les peuples, devient le gage de leur confiance mutuelle et de leur sainte-alliance future. Que la France sache s'y élever, elle en est digne; qu'elle se présente au monde comme le champion désintéressé du droit commun des nations, ne cherchant son avantage que dans le règne de l'équité, et n'attendant sa récompense que de la

reconnaissance des peuples rendus à leur développement naturel ; bientôt elle verra les préventions se
dissiper autour d'elle, et les rivalités faire place à une
sympathie universelle.

Il est vrai qu'en se plaçant à cette hauteur de sentiments, il faut renoncer à esquiver le développement
de la révolution en isolant ce qu'on appelle la question d'intérêt de la question de principe. Mais cette
politique est-elle à regretter ? Non, car elle n'est pas
seulement impie et indigne de la France, elle est
de plus absurde, stérile, impuissante, et aboutit nécessairement à des abîmes.

Nous ne sommes pas de ceux qui excluent de la
discussion les questions diplomatiques comme étant le
domaine du hasard, de l'arbitraire, de la force et non
du droit. S'il y a un ordre et une harmonie à établir
dans l'âme humaine, ce qui est l'objet de la morale ; s'il y a un ordre et une harmonie à établir entre
les citoyens, ce qui est l'objet de la science sociale,
il y a aussi un certain ordre, une certaine harmonie à établir dans la collection des sociétés politiques, problème distinct des deux autres, quoique
lié avec eux, et que la diplomatie est appelée à résoudre. Selon que la part des divers états dans l'héritage commun du genre humain sera conforme ou
non à la justice et à la vraie nature des choses, selon
qu'il y aura ou qu'il n'y aura pas entre eux égalité ou
équilibre, le libre développement de chacun d'eux,
développement qui importe à la civilisation universelle, sera compromis ou assuré. Une nation ne peut
donc se dispenser d'intervenir dans la solution de
ce problème avec son génie et pour son droit. La

France le peut moins qu'aucune autre, car elle est comptable de sa destinée à tous les peuples qu'elle est chargée de sauver en se sauvant elle-même. Mais il faut bien comprendre qu'au fond la politique intérieure et la politique extérieure sont les deux faces d'une même chose. En droit, elles sont réglées par les mêmes principes; en fait, elles sont indivisibles, et à tout système de gouvernement correspond une certaine diplomatie. En vain croirait-on que des intérêts nationaux communs peuvent réunir solidement des états qui n'admettent pas le même droit. Le plus grand intérêt d'un gouvernement est la conservation du principe sur lequel il se fonde; et, bien qu'il puisse parfois chercher d'autres profits, c'est pour les rapporter en définitive à cet intérêt fondamental. Cela étant, je dis qu'il n'y a aujourd'hui pour la France qu'une seule politique, qui est de pratiquer le droit public proclamé par la révolution ; de le pratiquer à l'intérieur par l'avénement progressif de la démocratie, à l'extérieur, par l'adoption d'un nouveau code diplomatique fondé sur le *droit divin des nations*. J'ajoute que ces deux choses, applications l'une et l'autre et au même titre du principe de la souveraineté du peuple, sont absolument inséparables dans la pratique comme dans la théorie.

Hors de ce système la France se trouve n'avoir plus ni droit à invoquer, ni alliances à former, ni but raisonnable à suivre, ni succès d'aucun genre à espérer. En effet, le droit public qui règne légalement aujourd'hui et que professent toutes les chancelleries est le droit divin des dynasties. Il donne pour base à l'ordre européen la souveraineté naturelle et imprescrip-

tible des maisons royales ou princières; il les suppose
instituées primitivement par Dieu pour servir de cen-
tres nécessaires aux sociétés politiques ; il les considère comme formant à elles seules les *états* dont les
peuples ne sont plus dès-lors que des dépendances. Il
subordonne donc la division des peuples en corps de
nations aux intérêts suprêmes de ces maisons, aux droits
qu'elles se reconnaissent entre elles par leurs traités,
aux cadeaux qu'elles se font, aux mariages qu'il leur
plaît de contracter. Voyez l'histoire des derniers siècles; voyez tous les traités jusqu'à ceux de Vienne où
les comptes des souverains se sont soldés par le partage des populations, tant de millions *d'âmes* pour celui-ci, tant pour celui-là ; voyez les déclarations solen-
nelles des divers congrès tenus pendant la restauration ;
voyez les protocoles , les actes diplomatiques de ces
derniers temps. N'y est-il pas toujours question des
monarques traitant en leur nom, jamais des états ? Con-
sultez enfin le remarquable ouvrage publié, il y a vingt
ans, par M. de Haller, sous le titre de *Restauration
de la Science politique*, vous y trouverez le dernier
mot de cette haute jurisprudence diplomatique.
Elle nie les nations; elle condamne et proscrit tous
les droits et intérêts nouveaux auxquels les nôtres
se rattachent, dont les nôtres font partie ; bien plus,
devant elle notre existence à titre de peuple libre
est illégitime et n'est soufferte que par une tolé-
rance passagère. Or, nous tombons sous l'empire
de ce droit public si nous ne proclamons pas contre
lui le droit de la révolution. Dès lors, aux conclu-
sions accablantes que les cabinets étrangers en tirent sans cesse contre nous, qu'avons-nous à répondre,

quel principe ou quel titre pouvons-nous opposer ?
Voici la Pologne, qui meurt en nous couvrant de son
corps. En vain, l'indignation remplit toutes les âmes
françaises. D'après le code diplomatique et la loi des
traités, il n'y a pas là deux nations dont l'une égorge
l'autre ; mais tout simplement des sujets révoltés contre leur maître, et lorsqu'ils ont succombé que peut
dire notre gouvernement ? « L'ordre règne à Varso-
vie. » Des remparts d'Ancône, conquis par l'audace
d'un héroïque soldat, nous tendons la main à nos
amis d'Italie. Mais Ancône est dans le domaine du St-
Siége ; le pape nous somme de l'évacuer. Aux termes
des traités nous ne pouvons qu'obéir ; et cependant
les Autrichiens, écrasant l'insurrection de la Romagne,
venaient de river les chaînes de ce despotisme papal ,
blâmé même par le despotisme russe (1). Les habitants du Luxembourg appartenant à la famille belge
par la croyance religieuse, les mœurs, les idées sociales, sont violemment séparés de leurs frères ; mais,
d'après le code diplomatique et les traités, les peuples
ne sont point des familles, ce sont des troupeaux appartenant au pasteur. Nous, tuteurs naturels de ces
populations, il nous faut donc consentir à leur enlè-
vement. Déja, en 1832, lorsque les petits états d'Allemagne, se rangeant avec joie sous le drapeau relevé
par nous en 1830 , avaient conquis ou achevé de conquérir des constitutions , la confédération germanique, c'est-à-dire les princes unis contre leurs peuples
sous la tutelle de l'Autriche et de la Prusse, n'était-

(1) Un mémoire fut présenté au Pape par toutes les puissances
pour l'engager à modifier son gouvernement.

elle pas venue, au nom du droit des gens monarchique, violer leur indépendance, abolir chez eux la liberté de la presse et réduire leurs assemblées représentatives au rôle de simples parlements consultatifs? Et nous avons laissé faire alors parce que nous n'osions nier le droit des gens monarchique; et depuis huit ans le pouvoir absolu a repris toutes ses positions, tandis que le ressentiment de notre désertion rejetait les peuples sous l'ascendant des cours de Berlin et de Vienne. Enfin, voyez ce qui vient de se passer dans l'affaire d'Orient. La ruine du pacha est certainement le dernier coup à la puissance *matérielle* que nous eûmes jadis au dehors. Mais, au point de vue du droit public actuel, quel prétexte avions-nous pour soutenir l'indépendance d'un gouverneur révolté? L'équilibre européen? mais cet équilibre, c'est sans doute le maintien de l'autorité des divers gouvernements sur le territoire qui leur est reconnu par les traités; l'intégrité de l'empire turc? mais, nous a-t-on dit avec une ironie amère, l'intégrité de l'empire turc, c'est le maintien de la souveraineté du sultan sur les bords de la mer Rouge comme sur ceux du Bosphore; puis lord Palmerston nous a félicités d'être si bien d'accord avec sa politique, et ainsi bafoués aux applaudissements de l'Europe nous avons été réduits à nous taire. Pour repousser toutes ces insolences il aurait fallu dire hautement : Ce qui constitue les états, ce ne sont point les maisons souveraines, ce sont les peuples; aux peuples seuls est la propriété de leur territoire ; aux peuples la faculté de se constituer politiquement suivant leur degré de civilisation; aux peuples le droit imprescriptible de se grouper en sociétés politiques selon les lois de leur nature intime et de leur situation géographique ; et quant à retrancher une des grandes individualités nationales qui sont les têtes du genre humain, les organes naturels par lesquels l'humanité pense et agit, c'est l'assassinat le plus abominable. Mais parler ainsi, ce serait adopter pour principe de notre politique le *droit divin des nations* ? Ce nouveau système romprait d'emblée l'étouffant réseau des actes du congrès de Vienne, tandis que ces actes qui, en abolissant la traite des nègres, ont consacré avec la dernière impudeur la traite des nations, sont cependant inattaquables au point de vue de la diplomatie actuelle. En vain alléguerait-on que plusieurs stipulations en ont été déjà effacées par les événements ; ce n'est pas une juste raison pour renverser ce qui en reste debout ; et vouloir frapper un tel coup sans s'appuyer sur le droit public révolutionnaire, ce serait se mettre à déchirer les traités en sauvages avec l'épée de Brennus.

Dans cette situation que sommes-nous réduits à faire depuis dix ans, à l'extérieur aussi bien qu'à l'intérieur ? du matérialisme politique. Ou bien nous disons humblement à l'Europe : « Il est vrai, nous n'avons pas d'existence légitime comme état, mais nous sommes un fait incontestable ; tolérez-nous comme tel ; » ou bien, avec un ton sceptique et léger de mauvais sujet : « Que nous parlez-vous de droit ? ce sont là de vieux préjugés. Les principes ne sont que des mots ; les faits seuls ont de la valeur ; qu'ils soient justes ou injustes, il faut les maintenir. Il n'y a d'autre morale que l'intérêt bien entendu et d'autre loi que celle de la force.

3.

Sit pro ratione voluntas. » Le premier de ces deux langages est implicitement de MM. Molé et de Broglie ; le second est de M. Thiers, et celui-ci me paraît, je l'avoue, le plus flétrissant pour l'honneur de notre patrie. S'il y a eu, par exemple, quelque chose de plus triste que l'évacuation d'Ancône, c'est le cynique mépris du droit qu'on a professé en la combattant, et que nous avons vu se reproduire dans la discussion sur la réforme. Je ne sais rien de moins français qu'une telle diplomatie, mais je ne puis m'empêcher d'y reconnaître l'accompagnement obligé de la politique intérieure contemporaine.

Quelle alliance former sur cette base du matérialisme politique ? ce n'est pas avec les peuples libres ou avec ceux qui aspirent à l'être : notre gouvernement craint trop la contagion de leur esprit, et leur inspire à son tour des méfiances trop bien justifiées ; ce n'est pas non plus avec les monarchies absolues : ceux qui rêvent l'alliance de la Russie se bercent d'illusions. Cette alliance, vers laquelle notre cabinet semble graviter aujourd'hui, ne sera, si elle se forme, qu'une déception nouvelle ; les promesses par lesquelles le cabinet de Saint-Pétersbourg nous y attirerait ne seraient qu'un leurre, et le ministère qui s'en ferait un titre à notre confiance n'aurait pour but que de jouer le pays. Peut-on sérieusement s'imaginer que la Russie serve jamais la cause d'une nation dont l'influence croissante réagirait nécessairement sur les peuples allemands et les tournerait contre les conquérants du Nord ? Quant à l'Allemagne, son intérêt bien entendu serait sans doute de renoncer à peser sur notre frontière et à opprimer l'Italie et de se retourner contre la Russie pour reprendre les bouches du Danube, la Pologne et les provinces allemandes situées au-delà du Niémen. Mais il faudrait bien mal connaître la nature humaine pour croire que les gouvernements de la Russie et de l'Autriche sacrifieront à ce but philanthropique et national l'intérêt égoïste de leur domination menacée par la contagion des idées françaises. La caste oligarchique qui domine le cabinet autrichien consentirait à voir l'empire descendre au rang de vassal de l'autocrate plutôt que d'exposer un seul de ses priviléges. Quant à la monarchie prussienne, son tempérament essentiellement militaire et son désir de posséder la dictature de l'Allemagne l'enchaînent au trône de Saint-Pétersbourg. L'une et l'autre savent bien que le libre développement de la nationalité française doit provoquer la naissance de la véritable nationalité allemande, c'est-à-dire l'association volontaire de tous les peuples entre la Vistule et le Rhin sous des institutions libérales.

Une seule alliance était possible sur la base du matérialisme politique, et elle a eu lieu : c'était avec l'Angleterre. On a dit que c'était une alliance de principes ; cela est vrai et faux à la fois. Certes, si l'on considère la France poursuivant le cours général de ses destinées et développant les principes généreux de sa révolution, il n'y a aucun rapport de nature entre elle et l'Angleterre, telle qu'elle est encore, aristocratique, cléricale, vouée aux intérêts matériels ; mais la France, faisant une halte dans le matérialisme pratique et dans le calvinisme social, se trouvait passagèrement dans la même zone que l'oligarchie anglaise. Il y a donc eu alliance, et nous en avons vu

les effets. De telles amitiés, que l'estime et la confiance mutuelles ne scellent pas, durent tant que l'une
des parties ne trouve pas l'occasion de trahir l'autre.
Cette occasion est venue, et l'on sait quelle a été la dupe.

Cet appui manquant, que nous reste-t-il désormais? L'isolement, comme l'a très-bien dit M. Thiers.
L'isolement est la conséquence naturelle de l'égoïsme.
Eh bien ! que peut-on attendre de cette situation
nouvelle? Voici que des événements immenses ont
commencé de s'accomplir. Ce n'est pas moins que
deux mondes qui vont se rejoindre au travers de la
digue qui les séparait. L'Orient, ébranlé de toutes
parts, s'entr'ouvre jusque dans ses profondeurs devant
la civilisation européenne, et l'empire turc en s'écrou-
lant expose l'équilibre politique aux plus redoutables
oscillations. Comment la France interviendra-t-elle
dans ce remaniement prochain du monde? Ira-t-elle,
la bannière de la révolution à la main, appeler partout
à la vie les sociétés naturelles pour remplacer par
elles les vieux empires fondés sur la conquête et pour
établir sur la fraternité des nations l'harmonie morale
au lieu de l'équilibre matériel? Non, le matérialisme
politique auquel elle est en proie le lui défend. Il ne
lui restera donc qu'à venir réclamer sa part du butin
sur les faibles et les mourants, c'est-à-dire qu'elle fera
une politique d'intérêt, d'agrandissement territorial, de
partage des populations, sans s'appuyer d'aucun principe, sans même avoir les spécieux prétextes dont les
autres puissances couvriront leurs envahissements.
Voilà, en effet, dans quelle voie ont failli l'entraîner ces
hommes qui veulent une guerre de conquêtes pour
éviter une guerre de principes. A mes yeux, ce ne

serait pas moins qu'abdiquer notre véritable gloire en trahissant la mission dont nous a honorés la Providence; ce serait aussi compromettre tout notre avenir de progrès politiques et moraux. Mais, à part ces considérations, que nous en reviendra-t-il? En cas de partage de l'empire turc, prétendrons-nous en avoir un lambeau? On nous dira que nous devons être satisfaits des deux cents lieues de côtes, naguère dépendantes de l'empire turc, que nous nous sommes appropriées sans demander l'assentiment de personne. A la rigueur, on pourrait nous céder des territoires dans l'Archipel ou dans la Turquie d'Europe; mais Napoléon avait bien reconnu que de si lointaines possessions seraient une cause permanente d'affaiblissement pour la France, et c'est, dit-il dans dans ses mémoires, une des causes qui l'empêchaient de songer au partage de l'empire ottoman. Quant à des compensations en Europe, soit la Savoie ou les provinces rhénanes, pour que les grandes puissances consentissent à nous ajouter de tels éléments de force, il faudrait que la France cessât d'être la patrie des idées progressives, la terre de l'égalité, la révolution incarnée. Or, quelque effort qu'elle fît sur elle-même, elle ne parviendrait jamais à cette transformation, et l'Europe surtout n'y voudrait jamais croire.

Au fond de cette politique il n'y a donc que la guerre; la guerre pour un intérêt égoïste qui n'est pas digne de la France; la guerre en ayant toutes les puissances contre nous, même l'Espagne; la guerre contre l'immense force navale de l'Angleterre, aidée encore par les marines des autres monarchies, tandis que pour la combattre efficacement il faudrait que nous fussions à la tête d'une coalition maritime ; la guerre avec l'embarras de notre colonie d'Alger que depuis dix ans notre gouvernement n'a pas su ou n'a pas voulu mettre en état de se suffire à elle-même, et qui ne survivrait pas à la rupture prolongée de ses communications avec nos ports ; la guerre, en nous aliénant toutes les sympathies secrètes des peuples, car dès que nous nous présenterons en conquérants toutes les haines nationales se raviveront, et l'Allemagne surtout s'ameutera contre nous au nom des gothiques souvenirs de la barbare Germanie ; la guerre enfin sans cet enthousiasme irrésistible et cette inexorable résolution de vaincre ou de mourir qu'on ne trouve que dans les démocraties où le peuple, vraiment co-propriétaire de la chose publique, combat, en la défendant, pour des droits qui sont réellement les siens.

Et l'on s'est imaginé que la France ferait une semblable guerre avec ses ressources ordinaires et par ce qu'on appelle des moyens réguliers ! On a eu la fatuité de croire que l'on allait recommencer les gigantesques guerres de l'empire. Mais avons-nous le même territoire, les mêmes alliés, la même génération d'hommes d'action trempés dans les luttes civiles et étrangères ? Avons-nous, ce qu'on ne verra jamais plus sans doute, une armée comme celle d'Austerlitz et Napoléon pour général ? Est-ce que nos ennemis, au contraire, n'ont pas doublé leur force matérielle ? Est-ce que tout chez eux n'est pas organisé pour la discipline et la guerre, chez nous, presque tout sacrifié à l'activité pacifique et à la liberté individuelle ? On a aussi rêvé, sans doute, des invasions rapides et des coups de foudre comme ceux d'il y a trente ans ; mais il faudrait avoir sur nos adversaires la même supériorité militaire qu'à cette époque, et, de plus, les trouver encore désunis, tandis que mieux instruits désormais ils marchent toujours de concert. Le seul système de guerre raisonnable pour notre époque ne serait-il pas, au contraire, de ne nous porter en avant qu'en organisant, à mesure, en sociétés indépendantes sous des institutions libres, tous les pays que nous envahirions? Or cette stratégie plus politique que militaire ne suppose-t-elle pas l'adoption hautement proclamée du dogme révolutionnaire de la liberté des peuples?

Que si, contre toute apparence, nous venions à bout de vaincre sans arborer ce drapeau, malheur sans doute alors à notre victoire, car elle nous livrerait à la merci du pouvoir, quel qu'il fût, qui nous aurait conduits au combat. Ne copions pas l'empire; ce ne serait jamais qu'une parodie, et d'ailleurs nous avons encore mieux à faire. Si la France veut reprendre son ascendant et planer de nouveau au-dessus de toutes les nations, il faut qu'elle s'arme de la force morale des idées contre la supériorité matérielle des puissances rivales.

Il importe ici de nous expliquer en peu de mots sur ce principe du droit divin des nations que nous invoquons, et d'indiquer sa portée. Selon nous, la division de l'espèce humaine en un certain nombre de sociétés politiques n'est pas une affaire de convention et d'arbitraire. Cette division, nécessaire au bien et à la vie même de l'humanité, doit s'opérer, à chaque époque, suivant certaines lois qui dérivent de la nature des

choses. Quelles sont ces lois? par quels signes se mani-
festent-elles ? Quels sont les traits caractéristiques qui
dessinent une nationalité ? Ceux qui veulent faire prè-
dominer le côté matériel de la vie humaine placent ex-
clusivement le principe de la nationalité dans l'unité
de race. La politique russe appuie ce système qui tend
à réunir sous son sceptre toutes les branches de la famille slave. Les gouvernements de l'Allemagne s'en
servent pour exciter contre nous leurs sujets, au nom
des vieux préjugés germaniques, sans s'apercevoir qu'il
tournerait contre eux au profit du grand empire slave.
Mais tout cela est faux. Dans l'état de barbarie, quand
les peuples ne sont mus que par des instincts passion-
nés, le lien charnel et fatal de la race est, sans doute, le
seul qui les puisse associer. Au contraire, lorsque la
civilisation est développée chez eux, c'est évidemment
par les rapports de la pensée, par l'affinité morale,
par l'identité des intérêts et les convenances de situation, surtout par la communauté des idées politiques, que doit être déterminée leur association.
Tout ce qui est établi au mépris de cet ordre providen-
tiel est illégitime en soi, et peut seulement être toléré
comme un fait nécessaire, car il n'y a pas de droit
contre le droit. Au contraire toute masse de populations qui réunit les conditions d'unité morale que
nous venons d'énumérer, forme une *société naturelle*,
une *nation*, laquelle existe de droit, quand bien même
ses éléments seraient dispersés sous plusieurs sceptres,
et à laquelle appartient de droit la souveraineté, c'est-
à-dire la faculté de porter des lois obligatoires pour
tous ses membres et de se donner un gouvernement.

En se plaçant dans cet ordre d'idées et en se con-

duisant en conséquence, la France change complètement sa position diplomatique. Elle se présente comme
ayant le droit pour elle et non plus comme une simple
puissance de fait, ainsi que M. de Broglie n'a pas
craint une fois de le dire à notre tribune. Elle a son
intérêt bien déterminé et susceptible d'être atteint,
intérêt noble, qui se confond avec celui de l'humanité,
et qui est cependant le plus vrai, le plus important
pour notre patrie, car c'est l'émancipation des nations
européennes destinées à devenir ses sœurs en civilisation et en liberté. Elle a ses alliés naturels qui sont
l'Espagne et la Belgique, désormais entrées toutes
deux dans la démocratie, peut-être la Hollande qui
paraît vouloir y entrer aussi, et, sans doute, la Suisse
où domine le parti démocratique et unitaire. Le
peuple anglais lui-même résisterait, je le crois, à
son gouvernement, si celui-ci voulait se déclarer
contre nous dans une lutte de principes. En cas de
guerre, comme les autres nationalités qui existent
virtuellement sauraient qu'elles peuvent compter sur
nous et que nous ne cherchons pas seulement notre
profit particulier, nous pourrions aussi compter sur
elles. En attendant, l'espoir et la sympathie des peuples, se dirigeant de nouveau vers la France, lui ren-
draient sans combat tout l'ascendant qu'elle a jamais
pu avoir. Qu'on ne s'y trompe pas, le besoin de l'indépendance nationale travaille toujours l'Italie, et l'Allemagne, parvenue à un haut degré de perfection dans
l'ordre administratif, n'en sent que plus vivement le
désir de la liberté politique. Nous avons vu dernière-
ment cette idée se manifester au sein même des états
provinciaux de la Prusse. Maintenant que la voilà logée

dans les têtes allemandes elle n'en sortira plus, et le jour où elle se réalisera, soit que l'Allemagne se forme alors en un seul ou en deux corps de nation, les gouvernements militaires de la Prusse et de l'Autriche disparaîtront probablement dans le gouffre qui s'ouvrira entre l'Europe et l'empire slave. Peut-être même, quoiqu'on ne doive rien fonder sur de telles conjectures, peut-être le principe de la nationalité se réveillerait-il en Pologne, en Hongrie, en Valaquie. Peut-être, sous notre influence, une nation turque se reformerait-elle dans l'Asie-Mineure, et un empire grec autour du noyau de nation que la protection de la France a déjà créé.

Et pour relever ainsi notre dignité, pour recouvrer notre ascendant, il n'est pas nécessaire de déclarer la guerre ni même d'aller au-devant d'elle, pourvu que l'on soit prêt à la soutenir. Il suffit de professer à la face du monde une ferme adhésion à des principes irrévocables, et de les pratiquer en plaidant, dans l'occasion, la cause de tous les droits qui s'y rattachent ; il suffit, en un mot, de donner un sens à cette protestation, aujourd'hui stérile et dérisoire, que la conscience publique impose chaque année à notre chambre en faveur de la nationalité polonaise.

Mais, sachons-le bien, l'Europe ne prendra jamais au sérieux un tel changement de système de notre part si nous ne commençons à le pratiquer nous-mêmes en ce qui nous concerne. Or ce principe du droit divin des nations qu'il nous faut écrire sur notre bannière ne fait qu'un avec celui de la souveraineté du peuple ; car c'est toujours le droit pour les peuples de ne dépendre que d'eux-mêmes. L'un de ces principes sans l'autre est dépourvu de fondement, incomplet et menteur. Ce serait nous démentir nous-mêmes que de reconnaître la légitimité naturelle des nationalités sans commencer à réaliser chez nous la souveraineté du peuple. D'ailleurs, de bonne foi, est-ce un exemple bien encourageant pour le reste de l'Europe que celui d'une démocratie qui se renie et n'ose s'organiser, d'une nation qui adopte un principe pour le désavouer ensuite et en décliner les conséquences, d'un état qui, faute de base morale et de gouvernement réel, décline rapidement et menace de crouler sur lui-même? Si nous voulons que notre révolution de 1830 cesse d'être aux yeux de tous les peuples une révolution avortée et indigne de confiance, il nous faut faire un nouvel acte de foi à ses principes en rentrant dans le progrès démocratique.

C'est chimère, c'est folie que de croire qu'on pourrait embrasser une nouvelle marche diplomatique sans changer de système à l'intérieur. Notre politique extérieure n'a pas été une chose accidentelle, mais l'accompagnement obligé du système adopté par tous les ministères qui se sont succédé depuis quelques années, et dont MM. Molé, Thiers et Guizot ont été presque toujours l'un ou l'autre les chefs réels, sinon les chefs apparents. Quel est ce système, appelé par ses auteurs le système de la quasi-légitimité et du juste-milieu? C'est, de l'aveu même de ces Messieurs, de nier la vérité, ou, tout au moins, de refuser l'application progressive du droit démocratique qui appelle tous les citoyens à la liberté et à l'égalité; c'est de s'attacher aux faits sociaux qui dominent le présent, non pour les transformer selon les exigences de la justice et les progrès de la civilisation, mais pour les ériger en loi absolue et immuable ; c'est de partager invariablement la France en deux classes, savoir : d'un côté cent soixante mille électeurs, formant, selon l'expression de M. Guizot, la *nation légale*, c'est-à-dire ayant seuls une existence politique aux yeux de la loi, et de l'autre côté le reste des Français réduits à l'état d'une plèbe sans droit. Or, en combattant ainsi dans l'intérieur la révolution, il devient impossible de s'appuyer sur elle au dehors ; on est même obligé, sous peine de se compromettre entre deux puissances rivales, de prendre parti contre elle partout où elle dépasse le point que l'on a fixé pour son avortement. Mais alors, trop faible contre la coalition contre-révolutionnaire, qui s'appuie sur un principe en même temps que sur un million de baïonnettes, on se voit condamné à en acheter la paix toujours, et à tout prix, jusqu'à ce qu'on ne puisse plus la payer. De là toute la direction donnée à nos affaires extérieures. Tandis qu'ils courbent la tête sous les menaces des monarchies absolues, nos gouvernants n'ont perdu aucune occasion de chercher querelle aux nations libres. Nous nous sommes mis en hostilité avec la Suisse, en y détruisant de nos propres mains le parti démocratique français ; avec l'Espagne, depuis qu'elle est entrée franchement dans la démocratie ; avec tous les états que nous avons pu découvrir sur quelque coin du globe portant, à tort ou à raison, le nom de république. Aujourd'hui nous recueillons les fruits de cette conduite. Les nations qui étaient nos alliées naturelles, indignées de nous voir déserter la cause où notre exemple les avait entraînées, se sont tournées contre nous ; nous voilà au ban de l'Europe, sans un ami, et en face d'ennemis implacables que nulle soumission n'a pu et ne pourra fléchir. Qu'on y prenne garde : on a cru obtenir grâce pour la France en rendant son épée ; mais le sort qu'on lui prépare ainsi c'est celui du lion qui s'est laissé arracher les dents et les ongles. Il y va de la vie à s'y laisser prendre.

Sacrifier constamment les intérêts nationaux au maintien du juste-milieu en France en jetant le pays hors de la voie ouverte par la révolution, et dans le sillage aristocratique de l'Angleterre, voilà, en un mot, tout le système de notre diplomatie. Il nous entraîne à la décadence, à la ruine. Mais qu'on n'espère pas s'en défaire sans l'attaquer dans sa racine. L'héritage des dernières années ne peut être accepté sous bénéfice d'inventaire, et ce passé, à moins qu'on ne le répudie tout entier, pèse d'un poids invincible sur le présent. Croit-on que le délabrement auquel notre état militaire était réduit il y a quelques mois, malgré tant de millions consacrés à cet objet, le désarmement de nos côtes, la faiblesse de notre artillerie et celle de notre cavalerie, réduite, à ce qu'il paraît, à onze mille chevaux, croit-on, dis-je, que ces faits fussent purement fortuits ? Non : c'était la conséquence nécessaire d'un système général de politique qui a besoin de mettre le pays dans l'impuissance de s'abandonner à un généreux élan ; d'un système pour lequel il faut, tout en conservant une armée nombreuse contre les mouvements intérieurs, la mettre au point de n'inspirer aucune inquiétude aux puissances étrangères ; d'un système qui voit ses ennemis au dedans plutôt qu'au dehors, c'est-à-dire dans les tendances démocratiques plus que dans l'ambition des monarchies ou aristocraties étrangères. C'est le même système qui probablement fera échouer dans l'exécution le projet si essentiel pour notre indépendance d'une enceinte autour de Paris. Cette situation étant donnée, il était impossible, je le dis avec une profonde conviction, que l'affaire de Syrie, non plus que toute autre de ce genre, reçût une solution meilleure pour nous.

Ce n'est pas qu'à nos yeux la question de Syrie fût aussi fondamentale qu'on l'a faite souvent. Il n'y avait, ni en Syrie, ni en Egypte, aucune nationalité à défendre ; ce n'était donc pas une de ces causes sacrées pour lesquelles la France devrait engager sa puissance. L'établissement politique de Méhémet-Ali, fondé sur le despotisme le plus absolu, sur une exploitation égoïste qui épuise et détruit même les populations, ne paraît pas avoir par lui-même de grandes [chances de durée. Sans doute, il aurait pu en être autrement si le pacha, franchissant le Taurus, avait jeté les racines de sa puissance au sein des populations turques de l'Asie-Mineure, et du même coup brouillé la Russie avec l'Angleterre ; mais cette entreprise était trop avantageuse à la France pour que nos ministres, avec leur habileté ordinaire, ne se soient pas hâtés de l'empêcher. Toutefois, ce rejeton de notre expédition d'E-gypte devait [être conservé par nous dans l'intérêt de notre commerce et surtout comme un point d'appui utile pour le jour de la grande guerre européenne. Une politique ferme, prévoyante, et dirigée par des principes, en serait probablement venue à bout, tandis que nous avons fait précisément ce qu'il y avait de plus nuisible pour nous, en livrant l'Egypte et son commerce au bras tout-puissant désormais de l'Angleterre. D'ailleurs, que l'on ne croie pas la question d'Orient résolue. Ce qui vient de se passer n'est qu'un préliminaire de la grande catastrophe qui doit un jour donner l'Orient à la civilisation européenne, et, par contre-coup, si nous savons agir, l'Occident à la démocratie.

Or, pour être prêts quand ce jour viendra, pour marcher même dès à présent vers cet avenir, que faut-il? Nous agiter sans but, pousser aveuglément à la guerre, ou bien nous en prendre aux hommes, aux choses, à nous-mêmes, et nous écrier avec désespoir que tout est perdu, que nous sommes un peuple usé, énervé, corrompu? Eh non! la France n'en est pas au point de n'avoir plus qu'à se couvrir du cilice et se rouler dans la cendre; car elle n'est pas complice dans le cœur des fautes et des lâchetés commises en son nom. Qu'elle se sente donc, qu'elle recueille ses forces, qu'elle reprenne possession d'elle-même. Quand les Romains avaient éprouvé de grands revers, convaincus que la cause ne pouvait s'en trouver que dans l'ébranlement de leur organisation militaire, leur premier soin était de raffermir la discipline, et cela fait, ils se regardaient déjà comme vainqueurs. Nous, de même, réparons notre organisation, rétablissons parmi nous la véritable discipline politique, c'est-à-dire la juste distribution des droits, et par ce seul fait nous aurons ressaisi la victoire.

Où est, en effet, le principe du mal? où est la cause qui empêche la volonté générale, bien prononcée dans la masse de la nation, de se faire jour et de changer une politique funeste? C'est évidemment l'organisa-

tion du corps électoral, car, dans notre gouvernement, tout relève de lui en dernier ressort.

Ce corps électoral est-il l'abrégé complet, l'expression suffisante de la France ? J'ose dire que non.
La bourgeoisie aisée qui le compose peut avoir ses vertus, ses qualités d'ordre et de modération ; elle possède sans doute certains éléments du génie français ;
mais elle ne l'a pas tout entier en elle. Préoccupée,
par dessus tout, de la liberté individuelle et de la sé-
curité des intérêts privés, l'enthousiasme de la gloire,
l'amour de la patrie, le sentiment de la solidarité
nationale sont souvent tièdes chez elle. C'est dans le
peuple qu'ils vivent avec toute leur ardeur, parce qu'ils
naissent plutôt d'un élan instinctif du cœur que des
calculs d'une raison réfléchie.

Loin de nous la pensée de mettre en hostilité systématique, les unes contre les autres, ce qu'on appelle
les diverses classes de la nation. Nous laissons cette
coupable politique aux hommes d'état qui ont ouver-
tement appelé la haute bourgeoisie au rôle de caste
dominante sur notre terre d'égalité. Mais nous devons
la vérité à tout le monde ; nous la devons à la France,
et nous la dirons.

Une oligarchie bourgeoise, c'est-à-dire composée
indistinctement de tout ce qui vient à surnager à la
surface d'une société démocratique, ne saurait avoir le
génie héroïque et puissant d'une aristocratie hérédi-
tairement constituée en vue d'exercer le gouvernement. Née du peuple et destinée à lui ouvrir les voies
de la vie politique, son mérite est grand sans doute,
tant qu'elle remplit son rôle et ne renie pas son origine. Mais ne lui demandez pas de diriger avec un art

profond les forces de l'état, ou de les soulever avec un levier irrésistible.

Vienne une guerre à outrance contre toutes les monarchies conjurées pour nous détruire, où se trouveront et cette ferme résolution de ne jamais céder, et ce dévouement sans réserve, et cette abnégation des intérêts privés qu'il nous faudra pour vaincre? C'est, l'histoire le dit, dans le peuple et dans les hommes politiques issus de la démocratie. Ailleurs vous pourrez rencontrer des velléités d'héroïsme, mais non cette force de tempérament moral nécessaire pour les mettre à exécution. Or, si vous voulez que ces hommes ne vous fassent pas défaut au jour du danger, donnez donc, dès à présent, à la démocratie entrée dans le gouvernement par la représentation nationale.

Mais laissons de côté cette hypothèse extrême. Il ne s'agit actuellement que d'adopter un système permanent de diplomatie fondé sur le droit divin des nations. Eh bien, je le demande à tout homme de bonne foi, est-ce une chambre comme celles que nous voyons depuis quelques années sortir de l'électorat oligarchiquement constitué, une chambre antipathique aux traditions hardies de la révolution française, et dominée par les théories doctrinaires, qui saura jamais s'élever à de tels principes, y croire d'une foi sérieuse, et les professer avec autorité? Non assurément. Une telle assemblée n'a pas, si l'on peut le dire, ses racines assez profondément implantées au cœur des masses pour y puiser le sentiment national dans toute sa grandeur et toute son énergie ; elle n'émane pas non plus assez directement des vrais foyers de l'intelligence publique, elle ne se recrute pas assez dans la partie jeune et pensante de la nation, elle est trop étrangère aux idées nouvelles et progressives pour représenter exactement le génie de la France.

D'ailleurs, en entrant dans la voie que nous indiquons, il faut savoir ne rien faire à demi, accepter sans arrière-pensée le principe de la souveraineté du peuple et prendre appui sur les masses. Leur dévouement ne manquera jamais à la patrie, mais cependant c'est à certaines conditions. Le peuple ne demande qu'à aimer et servir la patrie comme une mère, pourvu que ce soit une mère équitable, partageant également sa tendresse entre tous ses enfants. Si pour certains hommes le peuple n'est, comme l'a dit, à peu de chose près, l'historien-ministre de la révolution, qu'une populace bonne à jeter, après l'avoir enivrée de vagues illusions, sous la mitraille des batteries ennemies, il a, lui, une autre opinion de lui-même. Vous, qui, après avoir trempé long-temps dans la politique des hommes de Gand, osez vous dire peuple parce qu'à vos préjugés aristocratiques vous accolez la haine de l'Anglais, vous ne connaissez pas le cœur du peuple. Le patriotisme chez lui se confond avec l'amour de l'égalité, véritable passion politique de notre pays ; son patriotisme est l'amour de la communauté sociale organisée selon la loi de l'égalité. Si vous voulez qu'il se presse avec enthousiasme sous votre drapeau, osez y inscrire les mots sacrés : *liberté, égalité*, sans lesquels celui de *patrie* n'a pas de sens dans un pays comme le nôtre. Mais ne croyez pas qu'il suffise d'en faire une vaine et menteuse exhibition. Le peuple raisonne aujourd'hui ; une dure expérience l'a instruit à craindre les déceptions ; il ne se paiera plus de mots, il lui faut des choses. Allez donc plus loin : associez réellement les masses à la chose publique ; décrétez en principe que la société doit à tous ses membres l'aide et la protection nécessaires au soutien de leur vie et au juste développement de leurs facultés. Ce principe une fois posé, je ne vous demande pas de le réaliser tout d'un coup, mais commencez-en l'application en organisant d'une manière efficace l'éducation publique, et en adoptant un système de finances favorable aux travailleurs. Par l'instruction primaire, donnez à tout citoyen le nécessaire de la vie intellectuelle et morale ; par l'instruction professionnelle, procurez à tous les talents, à toutes les aptitudes, à toutes les vocations leur légitime emploi ; par l'instruction libérale, distribuée selon le mérite, non selon l'argent, appelez les pauvres au partage des plus précieux trésors de la civilisation, dont bien des riches ne tirent aujourd'hui que des fruits corrompus ; répandez dans les générations nouvelles des enseignements conformes à l'état de la science et propres à former de bons, d'actifs, d'utiles citoyens ; créez au profit du travail des institutions de crédit ; guérissez ce chancre honteux de l'usure qui, sous mille formes diverses, envahit toute la société, desséchant les sources de la richesse ; allégez le fardeau de l'hypothèque, qui, de l'aveu même des publicistes du pouvoir actuel, dépossède et ruine par coupes réglées nos agriculteurs ; réduisez les frais de justice qui rendent illusoire pour le pauvre la jouissance des droits civils ; réformez les impôts onéreux au pauvre et qui attaquent les sources de la production. En donnant ainsi au peuple les gages dont il a besoin, désarmez ou ralliez à votre autorité les partis qui voudraient l'agiter, et vous serez forts, vous sérez invincibles. Sinon, craignez d'être dévorés par la guerre civile en même temps que par la guerre étrangère.

Esquisser ce programme, même en quelque traits bien incomplets, c'est montrer suffisamment, ce me semble, combien une législature issue de notre système électoral est peu propre à remplir une semblable tâche. Indépendamment des intérêts qu'elle a mission spéciale de représenter et qui s'alarmeraient de telles réformes, les préventions aristocratiques d'un côté, de l'autre les préjugés d'un libéralisme arriéré, dominent trop chez elle pour ne pas l'en détourner. Mais admettons que, par un effort presque surnaturel d'intelligence et de vertu, elle s'élève à ces magnanimes résolutions, son origine ne lui donne pas l'autorité morale qu'il faudrait pour les accomplir. La dernière expérience qui dure encore ne le prouve que trop. Cette même chambre qui, un an plus tôt, adoptait par acclamation une politique nationale, vient de la déserter sous l'influence d'un nouveau ministère et devant les menaces de l'étranger. Ce ministère parlementaire qui devait relever notre nationalité, faiblissant tout à coup au milieu de sa tâche, est tombé devant un obstacle invincible pour lui. Ceci nous conduit à reconnaître un fait grave; c'est qu'à proprement parler, nous n'avons pas de gouvernement effectif. Dans les autres états la société peut être plus vicieuse, mais il s'y trouve du moins un gouvernement identifié à cette société et sur lequel elle se repose avec confiance de la gestion de ses affaires. Chez nous, rien de semblable. Le pouvoir exécutif et la législature, occupés, l'un contre l'autre, à faire avorter leurs tendances rivales, se paralysent par des tiraillements perpétuels. Au milieu de ces débats, pas d'action qu'on puisse exercer avec énergie, pas de tradition qu'on puisse suivre avec constance, surtout pas de diplomatie possible. Supposez, au contraire, une véritable représentation nationale, manifestation éclatante, incontestable de toutes les lumières et de tous les intérêts du pays, le pouvoir exécutif sorti de sa majorité en subirait inévitablement la suprématie, et de la haute impulsion donnée par elle naîtrait l'unité gouvernementale.

Créer sans retard ce centre tout-puissant d'unité, qui serait en même temps le rempart de la liberté, doit donc être la préoccupation capitale, je dirai presque, quant à présent, l'unique préoccupation de la France. C'est une nécessité, même en supposant que l'on reste dans des circonstances ordinaires, pour nous tirer de la voie déplorable où nous cahotons sans avancer; mais qu'arriverait-il, si nous n'avions pas encore constitué ce centre d'unité quand le jour viendra de la grande lutte de principes toujours imminente depuis 1830 ? Qui sait, faute d'une autorité nationale assez forte pour maîtriser les résistances, les trahisons, les ambitions ou les violences, par quels débordements de passions, par quels dangers publics, par quelles dictatures monarchiques ou démagogiques la France ne serait pas obligée de passer avant de ressaisir l'empire d'elle-même.

Ainsi, bien loin que la question extérieure doive nous détourner de la réforme, la réforme en est l'unique solution. Elle contient aujourd'hui toute notre diplomatie. C'est par elle que nous gagnerons notre cause vis-à-vis de nos amis et de nos ennemis, par elle que nous acquerrons des alliés au dehors, en même temps que de la force et de l'union au dedans.

En 1830, qui avait placé la France sur un piédestal élevé? La révolution glorieusement accomplie par elle. Qui la met si bas aujourd'hui? L'avortement de la révolution. Il ne s'agit donc pour la France que de rentrer dans la voie ouverte par le triomphe populaire de 1830, d'y faire un nouveau pas avec hardiesse et modération, et les peuples la porteront de nouveau sur le pavois. En Angleterre même, il est fort probable qu'un progrès politique sérieux, de notre part, provoquerait un mouvement radical, comme la révolution de juillet y provoqua le mouvement réformiste, et, dans ce cas, le gouvernement anglais ne pourrait pas plus, qu'après 1830, se ranger parmi nos ennemis.

Il est surtout une alliance de la plus haute importance, car elle nous donnerait d'emblée la supériorité sur les Anglais eux-mêmes, et assurerait la liberté des mers : c'est l'alliance des États-Unis. Les Américains ont de vieux comptes à régler avec les incendiaires de Washington ; ils ont le Canada à délivrer de la domination anglaise. Souvenirs d'anciens services, fraternité d'armes, intérêts liés, mêmes adversaires, tous les rapports naturels tendent à former cette alliance. Eh bien! nous ne l'aurons pas tant que la France ne marchera pas hardiment dans la démocratie. Le parti du juste-milieu a un trop grand intérêt à nous tenir hors du contact de la démocratie américaine. Ne le voyez-vous pas entretenir avec soin tous les préjugés qui peuvent nous inspirer de l'antipathie pour elle ?

CONCLUSION.

Réforme donc, réforme politique ; que ce soit le vœu et le cri général ! *In hoc signo vinces* ! C'est sous ce drapeau que nous vaincrons ! Que d'un bout à l'autre du pays on pétitionne, non seulement pour l'extension des droits électoraux, mais pour la destruction de ces entraves fiscales qui, empêchant la pensée publique de se manifester et de se répandre librement par la presse, semblent n'avoir pour but que de constituer au profit des riches le monopole de la discussion politique. Que le vœu national éclate, et les chambres ne pourront se dispenser d'y satisfaire (1).

(1) Ce serait ici le lieu d'expliquer comment nous entendons la réforme. Déjà, il y a un an, nous avons abordé ce sujet dans plusieurs lettres insérées au NATIONAL, et nous nous réservons de le reprendre plus largement devant le public. Il suffira ici d'indiquer sommairement le principe qui nous semble devoir présider à cette grande mesure. On ne peut s'empêcher de reconnaître qu'il serait juste de donner une représentation à tous les intérêts différents qui existent dans le pays. Généralement même on ne nie pas en théorie le droit de tous les citoyens à élire les députés de la nation. Mais, dit-on, l'intelligence chez le plus grand nombre n'est pas assez développée pour exercer ce droit en connaissance de cause. Il y a là une erreur fondamentale. L'intelligence humaine, si nous désignons par ce mot le sens du juste et du vrai, ne consiste pas seulement dans les conceptions réfléchies et savantes des esprits éminents et cultivés ; elle existe aussi dans ces perceptions instinctives des masses qui sont plutôt des sentiments que des idées et qui forment la conscience publique. Dans les esprits cultivés est la capacité de raisonnement et d'investigation ; dans l'âme des masses est le principe de la certitude morale. C'est de la combinaison de ces deux éléments que doit résulter la vérité, la loi. L'élection a pour but d'opérer cette combinaison en donnant pour

En cas de guerre, cette réforme est le gage de la victoire, et, ce qui vaut mieux encore, elle suffit, sans la guerre, pour nous relever de notre abaissement. La France, sans frapper un seul coup hors de ses frontières, sera aussi grande qu'elle l'a jamais été, si elle se redresse de toute sa hauteur. Que tout ce qu'il y a en elle d'intelligence, de courage et de vertu, soit porté, par des élections plus démocratiques, à la tête de la société, au lieu de rester enfoui au fond de ses entrailles. Appelons à la vie politique, selon les possibilités du temps, ces masses populaires où couvent tant de magnanimes instincts, tant de puissances inconnues qu'une simple initiation aux notions élémentaires de notre état social suffirait pour faire éclore. Commençons ainsi à professer sans res-

organe au sentiment des masses la pensée éclairée d'hommes choisis par elles. Bien loin donc que les masses soient incapables de prendre part aux élections politiques, leur intervention y est indispensable.

Cela suppose, il est vrai, que la grande masse de la nation soit déjà élevée au sentiment de l'unité et de la solidarité sociales, en un mot, au sentiment national. S'il n'en est pas ainsi, qu'on ne parle plus de droits politiques ni de liberté ; le meilleur gouvernement est alors celui d'un monarque absolu ou d'une caste héréditaire dont la fortune et la grandeur sont identifiées avec la grandeur et la fortune de l'état ; attribuer, au contraire, la souveraineté politique à une minorité de citoyens qui ont des intérêts particuliers, distincts des intérêts nationaux, c'est le plus mauvais système, à moins qu'on ne l'établisse comme une simple transition à un meilleur état de choses.

Quant à la réforme de la presse, accompagnement indispensable de la réforme électorale, elle devrait consister, au moins, dans l'abolition du droit de timbre et la réduction à moitié de celui de poste, ce qui réduirait de 25 fr. le prix actuel des journaux quotidiens.

triction mentale et à pratiquer sans capitulation de conscience cette foi à l'égalité civile et politique qui, en dépit de nous-mêmes, vit au fond de nos cœurs et peut seule réunir en un faisceau toutes nos volontés. Notre force morale renaîtra dès-lors, parce que nous aurons rendu à notre vie nationale un but moral, avoué de tous, et l'étranger comptera avec nous parce qu'il nous verra dirigés par un principe et prêts à nous dévouer pour lui. En un mot, le seul fait d'une réforme accomplie avec sagesse et fermeté, en nous rendant l'initiative du progrès social, nous fera remonter à notre rang légitime parmi les nations. Sachons, en effet, comprendre, si nous ne voulons pas nous fourvoyer dans une route sans issue, quelle est l'espèce de grandeur à laquelle la France doit aspirer pour être fidèle à son caractère et à sa mission.

Il est certains esprits qui ne considèrent que le côté matériel de la vie. À leurs yeux, le progrès consiste essentiellement dans le développement de l'industrie, les nations ne sont pas des civilisations, mais des races diverses, et les révolutions par lesquelle passe l'humanité se résument dans la lutte de ces races et l'extension physique de chacune d'elles a son tour. Voyez, disent ces publicistes, la race germanique et la race slave s'étendre et pulluler sur le globe tandis que la famille des peuples issus de la souche latine, la France en tête, ne fait plus que déchoir. Avec ce système on doit, en effet, désespérer de l'avenir de notre patrie, car évidemment il ne s'ouvre devant elle aucune carrière d'activité extérieure comparable à celles que les Etats-Unis ou la Russie ont à fournir, et que l'Angleterre parcourt encore. Mais tous ces phénomènes extérieurs servent-ils à autre chose qu'à revêtir et manifester le développement intérieur de la nature humaine, le progrès moral et social qui est la vie réelle de l'humanité. Le peuple par lequel s'accomplira ce progrès sera donc toujours et seul à la tête de la civilisation.

Qu'importe que les générations nouvelles naissent en plus grande abondance dans la race slave ou dans la race germanique, si une fois entrées dans la vie, elles professent et pratiquent les idées françaises. La véritable grandeur d'un peuple est le triomphe de sa pensée, de l'élément qu'il représente dans l'esprit humain, et si ce triomphe s'accomplit par la seule influence morale, il n'en est que plus glorieux. Que la race anglaise sème ses rejetons sur tous les rivages et féconde partout la barbarie, quoique n'ayant pour but que de l'exploiter ; que la monarchie russe discipline l'Orient sous sa loi militaire, l'une et l'autre sont dans la voie de la civilisation, et nous n'avons pas à nous inquiéter de leurs succès, pourvu que, de notre côté, nous, le peuple de l'intelligence *passionnée*, de l'activité *morale* et de la sociabilité, nous sachions réaliser la conquête, à nous spécialement réservée, du perfectionnement moral et social. C'est le dévouement à cette œuvre généreuse qui constitue précisément notre nationalité. Si nous avions la lâcheté d'y renoncer, il pourrait y avoir encore un pays nommé France, des populations dites françaises ; mais la France, telle que le monde la connaît, telle que nous l'aimons, telle que nous sommes fiers de l'avoir pour patrie, elle n'existerait plus. Sachons persévérer dans notre mission à travers tous les dangers. A ce prix, la France sera toujours le centre

spirituel des nations, la capitale de l'esprit humain.
Elle groupera sous sa protection la clientelle de toutes
les nations indépendantes. Ce rôle a fait toute la so-
lide gloire de son passé, et quand elle se laissa entraîner à en tenter un autre , ce ne fut jamais que pour son
malheur.

Noble France, toi que le génie n'a pas en vain saluée
du nom de grande nation, tu seras toujours, si tu
le veux, la reine du monde, non par le glaive, mais
par la civilisation. Garde-toi d'écouter ces apôtres du
désespoir qui te traitent de nation déchue, courbée sous
la honte et l'avilissement. Ta vertu te reste, et pour la
retrouver tout entière, il te suffit de tourner ta pensée
sur toi-même et de descendre dans le fond de ton âme.
Oui, certes, il y a de la honte et de la dégradation dans
les folies et les faiblesses des pouvoirs qui président
à ta destinée, et si tu ne les désavouais pas énergique-
ment, cette honte et cette dégradation retomberaient sur
toi. Mais repousse cette odieuse complicité en récla-
mant de cette voix unanime qui est un commandement
une représentation vraiment nationale et digne de ton
grand cœur ; montre-toi ainsi de nouveau en personne dans l'arène politique, et les nations te reconnaîtront,
et de prime-abord, sans combat, tu reprendras ton
rang à leur tête comme tu le fis par la résurrection
soudaine de 1830. Ainsi cette humiliation passagère
deviendra pour toi l'occasion d'une gloire plus éclatante et plus pure. Que si les usurpateurs des droits
de l'humanité veulent, par la violence, t'arrêter dans
ce progrès, alors ce ne sera plus la guerre impie qu'al-
lume une ambition égoïste ; ce sera la guerre sainte, la
guerre avec le dévouement de tes enfants, avec la sym-

pathie des peuples qui ne pourront méconnaître la justice de ta cause, la guerre avec un palladium invincible, car tu porteras avec toi la fortune des nations! »